2017年国家自然科学基金面上项目《基于投资者关注度与社交学习解释股市过度波动》（项目批准号：71673249）研究成果

中国商品市场

名义价格粘性、定价模式及其宏观含义

黄滕 著

吉林大学出版社

长春

图书在版编目（CIP）数据

中国商品市场名义价格粘性、定价模式及其宏观含义 /
黄滕著 . —长春：吉林大学出版社，2018.6
ISBN 978-7-5692-2475-7

Ⅰ . ①中… Ⅱ . ①黄… Ⅲ . ①商品市场—价格—研究
—中国 Ⅳ . ① F723

中国版本图书馆 CIP 数据核字（2018）第 136038 号

书　　名　中国商品市场名义价格粘性、定价模式及其宏观含义
　　　　　ZHONGGUO SHANGPIN SHICHANG MINGYI JIAGE NIANXING、DINGJIA
　　　　　MOSHI JI QI HONGGUAN HANYI
作　　者：黄　滕 著
策划编辑：李承章
责任编辑：安　斌
责任校对：王亚娇
封面设计：汤　丽
出版发行：吉林大学出版社
社　　址：长春市人民大街 4059 号
邮政编码：130021
发行电话：0431–89580028/29/21
网　　址：http://www.jlup.com.cn
电子邮箱：jdcbs@jlu.edu.cn
印　　刷：北京市金星印务有限公司
开　　本：787mm×1092mm　　1/16
印　　张：12.5
字　　数：179 千字
版　　次：2018 年 8 月　第 1 版
印　　次：2018 年 8 月　第 1 次
书　　号：ISBN 978-7-5692-2475-7
定　　价：43.00 元

前　言

微观经济主体的价格粘性行为是学界一直高度关注的话题。但由于微观层面数据的缺乏，导致关于中国商品市场名义价格粘性的经验研究长期处于几乎空白状态。本书创新性地利用网络文本提取技术与数据挖掘方法，持续收集"天猫"等国内主流电子商务网站海量商品的每日价格数据，经过一系列数据清洗和模式识别程序后，构建超过15亿条观测的产品层面高频微观数据库，围绕中国商品市场名义价格粘性及其宏观含义的主题，深入探讨了中国商品市场的价格粘性测度、总量定价模式、价格粘性成因以及汇率传递等问题，获得了一些新的发现，为后续的相关研究提供了较为可靠的经验基础。

本书首先构建价格调整模型，推导价格粘性假设条件对总价格水平的调整影响以及货币冲击发生时扮演的作用，然后利用网络文本提取与挖掘技术，收集来自电子商务网站商品的价格数据，构建产品层面数据集，对中国商品市场名义价格粘性程度进行了估算。这一研究成果有助于厘清长期以来学界关于货币政策有效性的论争，进而深化货币政策对经济体刺激效果的认识。

本书进一步通过识别总量价格定价模式，考察企业价格生成机制是否存在"选择效应"，有助于回答货币政策效果的持续性问题。结果发现，中国商品市场定价模式主要与状态相关，表明中国商品市场价格水平能够相对迅速地响应经济波动冲击，意味着货币当局的政策效果持续性较弱。在探索中国商品市场价格粘性成因时，本书基于吉利数字偏好的文化视角，采用马尔科夫动态分析法和 Logit 模型等，考察吉利尾数定价模式对价格粘性的影响，发现"吉利价格"粘性强，特别是 8 尾数定价模式对价格粘性程度具有显著正面贡献。这一发现为尾数定价理论研究提供来自文化因素的证据，丰富了对价格粘性理论的认识。

最后，本书将研究视野拓展到开放条件下，基于产品层面微观数据并引入价格粘性因素，解释其对汇率不完全传递的可能影响。不同于既有研究主要基于宏观层面价格指数或者海关数据，本书基于微观数据的研究能够刻画汇率冲击对不同商品价格传递效应的异质性，避免"聚集偏差"。在方法层面，不同于既有研究主要使用时间序列数据和 VAR、协整、ECM等估计方法，本书通过构建微观面板数据模型，采用系统 GMM 估计方法，能够刻画汇率传递动态性并克服可能的内生性问题，从而获得较为准确的估计值。

黄　滕

2018 年 5 月

目　录

1   导论

本章首先概述本书的研究主题、研究目的及其意义，其次简要介绍了各章节的主要研究内容和研究结论，然后阐述了本书的研究方法，最后指出本书可能的创新之处与不足。

1.1   研究主题

本书以中国商品市场名义价格粘性为主题，重点围绕如下四个方面的问题逐次展开研究：

第一，中国商品市场名义价格粘性的测度。过去的几十年中，关于货币政策有效性的论争一直没有停息过。主流的观点是货币政策短期有效，长期中性。短期有效论的关键假设是商品市场名义价格存在粘性，当经济体遭遇经济波动冲击后，市场不能迅速出清，因此货币当局的货币政策能够刺激商品和服务的真实产出。那么，商品市场名义价格是否存在粘性？如果存在，其粘性程度有多大？由于缺乏微观层面的数据，这些问题一直没有得到很好的回答。早期的研究利用杂志或者百货价格样本对价格粘性程度进行估算，发现名义价格调整缓慢，平均每年调整一次，因此认为价格存在较强的粘性（Cecchetti，1986；Kashyap，1995；Lach 和 Tsiddon，1996）。但这些研究样本太小，包含的商品范围过于狭窄，结论不具一般性。直到 2004 年，Bils 和 Klenow（2004）首次利用美国 CPI 价格数据，发现消费品价格 1995—1997 年的价格变化频率中值是 21%，名义价格平均 4.3 个月调整一次，为运用大样本数据研究价格粘性做出开创性贡献。自此之后，不同国家的研究人员利用微观数据对本国的价格粘性进行测度，为构建符合本国经济实际的宏观经济模型提供了微观证据。但遗憾的是，基于大样本微观数据的经验研究对中国商品市场名义价格粘性进行测度的研究非常鲜见，本书将在此方面做出一定的边际贡献。

第二，中国商品市场总量价格定价模式。现代宏观经济理论的一个重要结论是不同微观价格生成机制所决定的总量价格定价模式具有截然不同的宏观经济影响。一般认为，总量价格定价模式主要分为时间相关定价（Time Dependent Pricing，TDP）和状态相关定价（State Dependent Pricing，SDP）两类。在时间相关定价模式中，企业的价格确定取决于时间因素，给定时期仅部分企业更新价格（Taylor，1980），或者以一定概率随机调整价格（Calvo，1983），因此，企业的调价行为对外界因素冲击的响应速度较慢，总体价格水平的调整不够灵活，货币政策对总产出的刺激作用具有较持久的影响。相比而言，状态相关定价模式强调企业能够在任何时候更改价格，但必须支付调价带来的"菜单成本"。企业通过比较调价收益和调价的"菜单成本"，选择是否改变产品的价格以应对冲击（Dotsey et al，1999；Golosov 和 Lucas，2007），由于这种"选择效应"（Selection Effect）的存在，价格水平能够相对迅速响应经济波动冲击，这时货币政策对总产出的刺激作用将更为短暂。本书考察企业价格生成机制是否存在选择效应，识别总量价格定价模式，有助于回答货币政策效果的持续性问题。

第三，中国商品市场价格粘性的原因。20 世纪 70 年代起，新凯恩斯主义者提出了一系列解释价格粘性发生机制的理论，试图为新凯恩斯宏观经济学建立起坚实的微观基础（Barro，1972；Mankiw，1985；Kashyap，1995；Levy et al.，2011；Rotemberg，2005，2011；Mankiw 和 Reis，2002）。在这些理论中，最具影响力的是菜单成本论（Barro，1972；Mankiw，1985），当前最为人熟知的宏观建模方法便是在动态随机一般均衡（Dynamic Stochastic General Equilibrium，DSGE）模型中引入"菜单成本"作为价格粘性的产生机制，以此分析一国的货币政策与经济周期波动等问题。但最近的理论研究表明（Knotek，2010），尾数定价可能是比菜单成本更重要的价格粘性来源，基于尾数定价理论构建的分析框架能够更好地拟合真实世界的数据特征，从而对现有研究带来新的挑战。本书首次结合中国传统文化因素考察尾数定价模式对价格粘性的影响，从我国传统文化中的数字偏好角度探讨中国商品市场价格粘性的原因。

第四，开放条件下价格粘性的影响。一方面，汇率变动究竟在何种程度上影响进出口商品价格是国际经济学的关键问题之一。汇率传递程度不仅决定了企业和家庭受到外部冲击影响的程度，而且影响一国的通胀动态和贸易平衡，对汇率制度、贸易政策、货币政策选择等一系列理论和政策问题至关重要。随着中国经常账户盈余和对外依存度的不断攀升，汇率传递程度的重要性愈发凸显。本书收集来自互联网的商品价格数据，构建产品级大样本面板数据，首次利用消费者层面微观数据估计人民币汇率波动对进口商品价格的传递效应。另一方面，传统的一价定律、购买力平价等经典汇率理论认为，汇率的变动对进出口商品价格的传递效应是完全的。但在现实世界中，众多的经验研究却发现汇率的变动并未导致价格水平的等比例变化，即所谓的汇率不完全传递现象（Engel，1999；Parsley 和 Wei，2001；Goldberg 和 Campa，2010）。经验证据与理论的背离引起经济学家们的极大兴趣，涌现出一系列关于不完全传递原因的可能解释。最近兴起的一些研究认为汇率传递水平实际上受到宏微观因素共同作用的影响，应该结合将宏观和微观因素结合起来进行解释。因此，本书从微观厂商调价行为角度出发，重点探讨名义价格粘性和微观价格调整频率等因素对汇率传递的影响，试图为汇率不完全传递的研究带来新的启示。

1.2 研究目的及意义

经济体系中微观厂商的行为与宏观总量行为之间存在着相互联系，本书研究微观层面个体行为与宏观层面经济行为间的内在关系，目的在于进一步夯实我国宏观经济理论研究的微观基础，为宏观经济研究提供来自微观层面的符合实际的证据，具有一定的理论与实际意义。具体如下：

（1）厘清微观层面价格调整行为和宏观层面总体定价模式。作为DSGE 模型中最为基础的假定，宏观定价模式和价格调整行为的设定对于结构宏观模型能否准确刻画一国经济状况至关重要。近年来，许多学者通过构建新凯恩斯范式的 DSGE 模型来分析中国经济波动、货币与财政政策等问题，这些研究通常假设价格具有粘性且产品价格变动采用Calvo（1983）固定比例调整方法，并引用美国的价格变动概率对模型参数进行校准。由于每个国家的市场环境不同，直接借鉴国外研究结论构建的理论模型缺乏相应的事实基础，一定程度上影响了这些研究结论的可靠性。随着理论研究的深入，迫切需要构建更加符合中国经济实际的宏观模型分析中国经济问题，这一现实客观上要求基于中国数据的经验研究为宏观模型的合理设定提供支持。本书运用来自互联网的微观数据，首次完成对中国商品市场价格粘性的测度，为宏观经济建模的具体参数设定提供更符合现实的证据，能够更好地刻画经济特征。同时，通过识别中国商品市场总量定价模式，为选择适合我国经济特征的宏观建模分析框架提供证据，有助于评估货币政策的效果。

（2）结合中国的传统文化探讨价格粘性的成因。运用网络文本提取工具，收集来自"天猫商城"的商品和服务价格信息，构建产品层面的大样本高频数据集，对中国商品市场吉利数字偏好的存在性、尾数定价模式及其对价格粘性的影响进行研究。本书首次把吉利数字偏好的现象研究拓展到商品市场价格调整决策阶段，结合文化因素考察不同尾数定价模式对价格粘性的影响。主要贡献在于通过大样本微观数据证实了我国传统文化中的数字偏好对价格粘性的影响，为尾数定价理论研究提供了来自文化因素的证据，丰富了对价格粘性理论的认识。

（3）利用微观数据估计人民币汇率传递程度，并探讨价格粘性因素对汇率传递程度的影响。随着全球一体化进程的加速，全球金融市场的国际联系愈发紧密。汇率变动对国内价格的影响成为通货膨胀和经济周期国际传递的一个重要渠道。然而，当前学术界对汇率传递程度的研究主要使用宏观数据，比如总体价格指数或行业层面价格指数，无法刻画不同商品面临汇率冲击时价格变动的差异，存在较难克服的"聚集偏差"（Aggregation Bias）。考虑到宏观数据的缺陷，近来的一些研究开始使用高度分解的数据（Highly Disaggregated Data）——比如海关数据，用 HS 编码商品的单位价值（Unit Value）作为进出口商品价格的代理变量，试图获得更为准确的汇率传递程度估计值。但由于每个 HS 代码通常包含多种产品，基于 HS 编码的单位价值变化可能是由于 HS 编码内商品构成成分的变化引起，而不是真正的价格变化，从而导致基于海关数据的汇率传递程度的高估。鉴于此，本书通过收集来自互联网的商品价格数据，构建产品级大样本面板数据，基于进口消费者商品层面微观数据估计汇率波动的价格传递效应，一方面克服总体价格指数由于包含非贸易产品可能导致的低估，另一方面克服海关数据由于忽视分销成本等因素可能导致的高估，从而获得较为准确的短期和长期汇率传递率估计值。同时，在 Gopinath 和 Itskhoki（2010）的研究思路基础上，探究微观经济主体的调价行为对长期和短期汇率传递的不同影响，考察价格粘性因素作用下调价频率对汇率传递的影响，对于人民币汇率不完全传递研究具有启发意义。

1.3　研究方法

在本书的研究过程中，根据不同的研究问题和不同的研究需要，选取相适宜的研究方法。

1.3.1　数理建模方法

采用数理建模技术，在第三章构建价格调整模型，推导价格粘性假设条件对总价格水平的调整影响以及货币冲击发生时其扮演的作用，即这种冲击对经济体的影响过程中微观价格调整起到的作用。该分析框架属于动态随机一般均衡的分析框架，通过严谨的数理建模，说明货币中性的发生机理，厘清价格粘性假设在宏观经济学建模中的重要意义，为本书的研究提供统一的理论支撑。

1.3.2　文本挖掘方法

文本挖掘是以半结构（网页）或者无结构（如纯文本）的自然语言文本为对象的数据挖掘，因此又被称为文本数据挖掘。文本挖掘是自然语言处理（Natural Language Processing，NLP）的范畴之一。本书利用网络文本提取软件 GooSeeker，扫描购物搜索引擎公共网页代码，定位并抽取网络商品的品名、价格等有关信息，经过文本挖掘和数据挖掘技术处理后作为本书研究的基础数据，从而使得从微观层面对中国商品市场价格粘性、定价模式对货币政策的影响进行研究成为可能。

1.3.3　定量分析方法

整个研究过程中，将理论和实证分析相结合，根据不同的研究内容和数据特征，综合运用不同数据分析模型和不同的定量分析工具，展开严谨规范的研究。第四章用频率法度量价格粘性程度，第五章运用方差分解方法区分了不同的总量定价模式，第六章主要运用 Logit 模型讨论价格粘性成因，第七章运用面板回归模型研究人民币汇率传递，并通过 SYS–GMM 方法克服变量的内生性问题。

1.4　研究内容与主要结论

本书以商品市场价格粘性为主题，并细分为若干方面的问题依次展开讨论。具体而言，本书的研究一共分为七个章节。

第一章为导论。该章简要地介绍了本书的研究目的和意义、主要研究内容和研究方法、文章的结构安排以及可能的创新点和研究不足等内容。

第二章是文献综述。从价格粘性代表性理论及其经验证据、价格粘性的测度等方面对现有研究进行梳理和总结，对文献中采用的统计数据、研究方法以及粘性价格理论在货币经济学中的应用进行了评述，并指出现有研究的不足。

第三章是理论模型。构建了一个简单的价格调整模型，推导价格粘性对总价格水平的调整，以及货币冲击发生时其扮演的作用，即这种冲击对经济体的影响过程中微观价格调整起到的作用。旨在说明货币中性和非中性的发生机理，理解为什么价格粘性在宏观经济学文献中扮演着如此重要的角色，为后续讨论提供理论基础。

第四章是对中国商品市场名义价格粘性的测度。利用网络文本提取与挖掘技术，构建超过15亿条观测的产品级高频数据集，对中国商品市场2010年12月至2013年2月间名义价格粘性程度进行估算。结果表明：（1）相对于发达国家，我国的价格粘性程度处于较低水平，总体价格变化的加权中位数频率是每天1.23%，总体价格持续时间中值为2.7个月，剔除促销的影响后，价格持续时间中值增加到3.4个月。（2）不同类别商品的价格粘性存在较强异质性，为微观粘性和宏观粘性的差异提供了可能的解释。（3）通过区分名义价格向上粘性和向下粘性，发现中国商品市场不存在向下粘性。（4）通过划分子样本分析，发现东部地区和中部地区价格粘性程度比较接近且均高于西部地区，进口品和成交量排名前20零售商的商品价格更为灵活。

第五章是中国商品市场定价模式，主要回答时间依赖还是状态依赖的问题。本章发现，中国商品市场的价格调整幅度分布呈现双峰形态，符合状态相关定价模型的预测（Dotsey et al., 1999; Golosov 和 Lucas, 2007），通货膨胀方差分解也发现总体定价模式与状态相关，表明中国商品市场企业的定价存在一定程度的"选择效应"，价格水平能够相对迅速地响应经济波动冲击。

第六章运用来自"天猫商城"的价格数据，对中国商品市场吉利数字偏好的存在性、尾数定价模式及其对价格粘性的影响进行研究。结果表明：（1）中国商品市场尾数定价模式主要有三种：8尾数定价、9尾数定价和方便定价，其中最受偏好的是8尾数定价模式，同时回避4尾数定价，吉利数字偏好对尾数定价模式具有显著影响。（2）马尔科夫转移动态分析发现，8尾数的稳定性最强，当期的非8尾数在下一期转向8尾数的概率较高，且吉利数字互相转移定价的概率较大。（3）8尾数定价对商品价格粘性具有显著正向影响，"吉利价格"粘性强。相对于9尾数定价和方便定价模式，8尾数定价模式对价格粘性程度的贡献更大。节日期间零售商更加注重回避不吉利数字，进一步表明文化背景对商品市场价格粘性的影响。

第七章利用来自"一淘商品搜索"的16万种进口零售商品信息，首次构建产品层面面板数据集，估计人民币汇率的进口价格传递效应，并探讨了价格调整行为对人民币汇率传递程度的影响。结果发现：（1）人民币汇率变动对进口商品价格的传递程度较高，短期传递率为37.5%，长期约为42%~46%，而且传递过程在较短时间内完成，表明升值能够较为有效地降低进口商品价格。分类研究发现，无论短期还是长期，汇率波动对食品类和工业消费品类的传递程度较为接近，都大于对服务类商品的传递率。（2）进一步选择20个代表性国家和地区作为样本，检验汇率传递程度的国别差异，发现越南、菲律宾、泰国等发展中经济体的汇率传递程度较高而边际成本加价的传递效应较低，欧盟、美国、日本等发达经济体的汇率传递程度较低而边际成本加价的传递效应较高，意味着需采用差别化政策来应对贸易失衡问题。（3）调价频率高的商品，平均而言，长期汇率传递至少是调价频率低的商品的2.5倍。根据短期汇率传递水平估计结果，发现高频调价商品的短期传递率也高于低频组。但与长期传递水平的结果相比，低频调价商品的短期和长期汇率传递程度比较接近，高频调价商品的短期传递水平远低于长期传递水平，表明价格粘性因素对低频商品的影响较小，但对高频组的抑制作用比较明显。

1.5 创新点与不足

可能的创新之处如下：

（1）方法创新。主要表现在两个方面：首先，使用文本挖掘的方法获取来自互联网的大样本微观数据。由于研究商品市场名义价格粘性的问题需要大样本微观数据，而我国的官方 CPI 价格数据难以获取，导致这方面的研究一直无法展开。大数据时代的来临和电子商务的崛起，为相关研究提供了一个绝佳的机会。[①] 网络零售商为出售商品或吸引潜在客户，在网络上详细公布了商品名称、价格、规格、销量、促销打折等信息，这些数据非常适合微观层面的经济学研究。但互联网数据具有实时更新、信息分散的特点，数据收集存在不小难度，导致这些数据此前一直没有得到很好的开发利用。本书克服了这一技术障碍，首先利用网络文本提取软件收集原始数据，然后利用 C# 语言编写数据清洗程序把非结构化的网络数据转换为通用软件可处理的结构化数据，最后编写 SAS 程序进行模式识别，建立可处理的标准化的数据库。本书实现了网络数据收集、数据清洗、模式识别、数据入库的流程化操作，为网络大数据的利用打下了坚实的基础。基于上述文本挖掘与数据挖掘方法，本书收集了来自互联网的海量价格数据，构建超过 15 亿条观测的产品层面高频微观数据库，首次利用大样本产品级价格数据对中国商品市场价格粘性等问题展开研究。本书是国内利用来自互联网的大数据展开经济学研究的首次尝试。其次，在计量经济学方法层面，本书与既有研究有所不同。比如第七章的人民币汇率传递效应研究中，不同于既有研究主要使用时间序列数据和 VAR、协整、ECM 等估计方法，本书构建跨国面板数据集和动态面板回归模型，采用系统 GMM 估计方法，能够刻画汇率传递动态性并克服可能的内生性问题，从而获得较为准确的短期和长期汇率传递率估计值。

（2）视角创新。在探索中国商品市场价格粘性成因时，本书基于文

---

① 事实上，当今世界的数字化已将人类社会变成了一个巨大的实验室。人类在这个实验中留下的"电子脚印"，合成了史无前例的海量数据集，使得科学家们得以在强大的计算机和新技术支持下，利用大数据（Big Data）对相关领域问题进行研究。经济学领域研究人员也在充分利用网络数据的"好处"，基于大样本网络数据的研究成果发表在《Nature》《Science》等自然科学顶级刊物，进一步推动了经济学的科学化进程。

化视角，考察吉利尾数定价模式对价格粘性的影响。可以说，本书首次通过大样本微观数据研究我国传统文化中的数字偏好对价格粘性的影响，为尾数定价理论研究提供来自文化因素的证据，丰富了对价格粘性理论的认识。

（3）观点创新。本书针对之前由于缺乏微观数据而难以探讨的一系列问题展开研究，得出了富有新意的研究结论。首先，相对于发达国家，我国的价格粘性程度处于较低水平，表明我国的价格调整较为灵活。其次中国商品市场定价模式主要与状态相关，表明中国商品市场价格水平能够相对迅速地响应经济波动冲击。再次，基于中国传统文化的吉利尾数定价对商品价格粘性具有显著正向影响，表明价格点理论在中国商品市场成立。最后，人民币汇率变动对进口商品价格的传递程度较高，传递过程在较短时间内完成，意味着通过汇率工具来调控物价是较为有效的政策选择。上述基于微观数据的研究，突破了以往利用宏观数据研究的诸多局限，具有更为丰富的理论与政策含义。

本书尚存在不足之处：

（1）理论模型构建有待完善。本书研究主要侧重经验研究，未来需要进一步完善理论模型构建。比如第四章提炼了微观经济主体价格调整行为的典型事实，未来有必要建立宏观层面数理模型，根据这些研究结论对模型进行校准，进一步分析货币政策冲击对经济的影响，从而将微观经验证据与宏观理论模型统一起来。

（2）微观数据方面有待优化。本书使用的网络数据不能完全覆盖传统商品市场的数据，基于网络数据的研究结果可能有一些偏误。未来需要收集来自传统渠道的微观数据，进行对比研究，找出数据方面的潜在差异及其对结果的影响，以便保证研究结论的一般性。此外，本书收集的数据虽然频率较高，但时间跨度较短，难以充分反映经济环境的一些结构变化的特征。

（3）研究问题有待深入。本书对一些研究问题的探讨还不够深入。包括第五章总量定价模式的识别方面，仅仅采用了价格调整幅度分布和方差分解等静态识别的方法，未来需要引入时间维度，从动态角度研究价格调整的风险率、风险函数、价格同步与战略互补等价格调整动态特征，以便更全面地探讨总量定价特性，更精确地识别总量定价模式。第七章关于汇率传递的影响因素也仅仅探讨了调价频率对汇率传递水平的影响，尚需要考虑其他许多可能的影响因素，更全面地解释汇率不完全传递的可能原因。

2　文献综述

价格粘性是新凯恩斯主义的宏观经济理论的重要组成部分，其含义是指名义价格设定后往往保持不变，即使供给和需求的基本条件发生变动，价格不能充分响应相关的成本和需求冲击（Anderson，1994），因此，价格粘性的存在阻止供需平衡和具有市场效率的瓦尔拉斯市场出清（Carlton和 Perloff，2000）。随着新凯恩斯主义逐渐取得宏观经济学的主流地位，粘性价格行为分析已成为注重微观基础的现代宏观经济模型的分析起点（Starting Point）。一定程度上，可以说价格粘性理论不仅成为宏观经济理论的立论之基，还作为经济周期、货币政策等宏观经济模型的微观基础进而决定了政府宏观经济政策的科学性。本章从价格粘性代表性理论及其经验证据、价格粘性的测度等方面对现有研究进行梳理和总结，对文献中采用的统计数据、研究方法以及粘性价格理论在货币经济学中的应用进行了评述，并指出现有研究的不足。

2.1　概述

1936 年，凯恩斯发表《就业、利息与货币通论》，提出以有效需求为核心的国民收入决定理论，创立了现代宏观经济学。凯恩斯经济学否定和批判了以均衡价格分析为中心的新古典经济学，实现了一场西方经济学发展史上的"凯恩斯革命"。但是，凯恩斯宏观经济理论体系的一个致命弱点是缺乏相应的微观基础，其中最主要的缺陷是，凯恩斯经济学的所有分析都是建立在非市场出清假说基础上，非市场出清假说得以成立的前提条件主要是价格刚性，但对于经济中为什么存在价格刚性则没有提供一个完善的解释，因此被认为缺乏相应的微观基础。但由于凯恩斯主义在经济政策方面取得成功，战后大约30年里，凯恩斯经济学成为西方经济学界的正统经济学。

20世纪60年代末70年代初，西方国家经济普遍陷入"滞胀"困境，凯恩斯主义的理论和政策失灵，出现凯恩斯经济学的危机，为凯恩斯学派以外的其他经济学派的兴起提供了契机，其中理性预期学派的领袖卢卡斯对凯恩斯经济学进行了猛烈的抨击。卢卡斯指出，凯恩斯宏观经济学缺乏对经济主体进行理性预期以追求自身利益最大化的微观分析，这违背了西方经济学公认的"理性经济人"假设（Lucas，1976）。在凯恩斯主义的宏观经济模型中，忽略了两个重要的前提假设，一是经济人最大化原则，即厂商追逐利润最大化和家庭追求效用最大化；二是理性预期。第一个前提假设的缺失使凯恩斯模型丧失了微观经济学基础，违反了微观经济学"经济人"理性假定，其解释力受到很大质疑；第二个前提假设的缺失，使凯恩斯模型中的经济人所做的只是适应性预期而非理性预期，导致其理论模型中个人行为不能协调一致。这就是著名的"卢卡斯批评"（Lucas' critique）。

"卢卡斯批评"企图从根本上颠覆传统凯恩斯主义经济学，是对凯恩斯经济学的严重挑战。在应对卢卡斯及其追随者的理论挑战中，产生了一个新的西方经济学流派——新凯恩斯主义学派。针对卢卡斯等人对传统凯恩斯主义的批评，新凯恩斯主义经济学家们的一项重要工作就是为凯恩斯宏观经济学构建微观基础。他们"消化吸收"理性预期学派的批判，承认价格是可以变动的，只是变动的比较缓慢，并提出一个新的假设，把价格刚性假设改为价格粘性假设。20世纪70年代起，大量理论研究的重点聚焦于价格粘性的发生机制，提出了一系列解释价格粘性的理论，比如菜单成本论（Barro，1972；Mankiw，1985）、尾数定价理论（Kashyap，

1995；Levy et al.，2011）、公平定价理论（Rotemberg，2005，2011）、信息成本论（Mankiw 和 Reis，2002）等，出色地回应了理性预期学派的挑战，构成了他们重建凯恩斯主义宏观经济理论微观基础的主要内容。

西方经济学发展史表明，凯恩斯革命导致微观经济学与宏观经济学的分野，新凯恩斯主义价格粘性理论的提出则试图使两者再次结合起来。无论是假定价格灵活或粘性，都充分强调了经济学的基础是价格理论。在当前最为强调微观基础的动态随机一般均衡模型（Dynamic Stochastic General Equilibrium，DSGE）中，价格粘性假设已经成为有关经济周期和货币政策分析的标准构件。一定程度上，可以说价格粘性理论不仅成为现代宏观经济理论的立论之基，还作为经济周期波动的微观基础进而决定了政府宏观经济政策的科学性。此外，粘性价格理论代表了新凯恩斯主义经济理论的前沿进展，也是现代宏观经济学发展最具成果的理论之一。

2.2　为什么价格是粘性的？—理论解释及其检验结果

价格粘性的形成机理与市场环境、企业定价方式等多种因素相关，从不同角度出发进行分析能得出不同的理论解释，比如价格调整成本（Price Adjustment Costs）、市场互动（Market Interactions）、信息不对称（Asymmetric Information）以及基于合同的解释（Contract Based Explanations）等（Andersen，1994；Blinder et al.，1998）。这些数量众多的理论解释大致可以归为两类。一类是从特定企业自身角度解释价格粘性的原因，强调企业自身的定价能力，尤其是企业的定价过程对价格粘性的影响，认为价格形成过程受到企业组织能力、库存管理、非价格竞争以及价格调整成本等方面因素影响，这些因素构成价格粘性的主要来源。另一类是从企业和消费者互动的角度出发，注重消费者心理和行为对企业定价行为的影响。从这个角度出发，形成了公平定价、隐性契约、尾数定价等理论。本章从这两个角度对现有理论进行归类，在表 2-1 和表 2-2 中列出目前主流的价格粘性理论并对其核心思想进行简要解释。在既有的这些理论研究中，目前学术界公认的代表性理论主要有菜单成本论（Menu Cost Theory）、尾数定价（Pricing Point Theory）、公平定价（Fair Pricing Theory）与粘性信息论（Sticky Information Theory）等四种。本节接下来重点回顾这四种理论解释及其检验结果，旨在为后续的研究奠定理论基础。

表 2-1　价格粘性的理论解释：企业自身角度

理论	含义
企业自身角度	
价格调整成本理论 Price Adjustment Costs	主要包括两种成本：一是菜单成本（Menu Cost）。企业调整价格需要花费成本，即使市场供需关系发生变化，如果调价收益小于调价成本，价格将保持不变。二是管理成本（Managerial Cost）。管理人员做出价格决策需要时间和精力，因此调价价格存在管理成本，可能使得价格调整速度减慢
存货与需求理论 Inventories and Demand	核心思想：当供需条件等市场环境发生变化，企业通过存货的调整缓冲需求冲击，而不是通过调整价格来应对冲击
非价格竞争理论 Non-Price Competition	核心思想：公司使用非价格因素，如通过提升发货速度、改进服务、注重信誉或产品质量等增强企业竞争力，而不是通过价格变化提升竞争力

表 2-2　价格粘性的理论解释：企业和消费者互动的角度

理论	含义
企业和消费者互动的角度	
合约理论 Contract-Based	核心思想：企业和消费者之间存在显式或隐式合同，使得价格保持不变。显式合同（Explicit Contracts）是指，在约定的时间段，根据签订的合同，价格保持固定不变。隐式合同（Implicit Contracts）是指，企业和客户之间通过长期的合作关系形成一种事实上的隐性协议，如果随意调整价格可能引起客户的抗议或惩罚，因此对企业调价形成制约
非对称信息理论 Asymmetric Information	核心思想：当交易的一方比另一方拥有更多的信息时，可能导致价格粘性出现。包括两种理论：一是粘性信息论（Sticky Information），厂商的定价决策依赖于所掌握的信息，对于未更新信息的厂商，其定价决策依赖于旧有信息，从而维持价格不变。二是价格信号质量论（Price as Signal of Quality），企业不愿意降低价格，因为担心客户可能把降价行为曲解为品质下降
心理价格理论 Psychological Price Points	核心思想：企业在定价时偏好把价格的最后一位数字（价格尾数）设定为某些特定的数字，即使企业面临小幅成本改变的冲击，也倾向于保持特定尾数的价格不变

2.2.1 菜单成本理论

菜单成本理论的思想最早可追溯至 20 世纪 30 年代（Hicks，1935；Means，1936；Galbraith，1936）。该理论的提出遵循了非常简单的逻辑。假设价格调整是没有成本的，那么公司会尽量将其名义价格保持在利润最大化的水平。当需求或成本发生变化时，名义价格将迅速调整到新的最佳值。特别是在通货膨胀条件下，名义价格将非常频繁地调整，以跟上通胀水平的变化。然而，通过观察真实世界，可以发现名义价格往往很长时间保持不变。这意味着，价格变化是有成本，正是这些成本阻止企业以连续的方式改变价格。Barro（1972）更为具体地阐述了菜单成本的思想，指出厂商调整价格需支付一定的成本，比如研究和确定新价格投入的时间成本、重新编印价目单所支出的费用等，只有当调整价格所带来的收益大于调价成本时才会调价，否则将保持价格不变，因此，菜单成本的存在，阻碍了厂商"连续地"改变价格。在发表于 1985 年的经典论文中，Mankiw（1985）进一步指出，对不同企业来说，菜单成本可大可小，在一定条件下，即便是小菜单成本也会引起价格粘性。总之，正是菜单成本导致商品市场名义价格不能灵活变动，呈现出不同程度的粘性。

由于与成本相关的数据缺乏，直接检验菜单成本理论一直非常困难（Carlton，1986）。作为一个折中的结果，实证研究通常使用代理变量（样本期内价格变化大小和频率）寻找支持菜单成本理论的间接证据。Cecchetti（1986）通过分析 1953—1979 年 38 种美国杂志的价格行为，发现价格调整的大小和频率符合菜单成本的预测，而且价格调整成本在样本期内并非固定不变，而是随价格调整幅度的不同而变化。Willis（2000）使用与 Cecchetti（1986）相同的价格数据来估算价格调整的菜单成本。他的估计方法如下：首先，把每个杂志的价格形成设定为一个跨期优化问题。其次，把价格变化的概率表达为一些特定变量的函数，估计简化形式的风险函数。最后，使用间接推断过程匹配简化形式风险函数与结构参数，得出的结论是平均调整成本是收入的 4%。Willis（2000）的估算方法为后续的诸多研究奠定了方法论的基础。还有一些研究注重考察菜单成本的异质性。Kashyap（1995）利用美国超过 35 年的 12 种零售商品的价格数据，发现由于菜单成本的不同，这些商品价格在调价频率与变化幅度两个维度都存在异质性。基于新西兰企业的调查数据，Buckle 和 Carlson（2000）认为，由于菜单成本的异质性原因，大公司的价格变动幅度往往大于规模较小的公司。

此外，Golosov 和 Lucas（2007）构建的菜单成本模型表明，当价格小幅偏离最优价格时，如果纠偏的收益不足以弥补纠偏的成本，则厂商会放弃调整价格。这意味着小幅度的价格调整行为较少发生，导致价格调整幅度的分布在百分之零附近明显下降，形成双峰分布形态（Bimodal Distribution），从而可以通过考察价格调整幅度的分布形态来验证菜单成本是否存在。许多经验研究文献使用不同国家的数据考察了价格调整幅度的分布，发现了价格调整的确存在双峰分布的证据（Cavallo，2010；Ozmen 和 Sevinc，2011）。总体而言，既有研究发现菜单成本的确是导致价格粘性的重要原因。但现有研究几乎都是基于代理变量间接证明菜单成本的存在，未来需要在数据来源方面有所突破，以便能够获得来自企业调价成本数据的直接证据。

2.2.2 尾数定价理论

尾数定价理论也称为价格点理论（Price Point Theory），是近年来解释价格粘性来源的代表性理论之一（Levy et al.，2011）。该理论认为，厂商为吸引消费者购买，在定价时偏好把价格的最后一位数字设定为某些特定的数字，即使企业面临小幅成本改变的冲击，也倾向于保持特定尾数的价格不变，从而认为企业尾数定价模式对价格粘性产生贡献。Kashyap（1995）首先注意到尾数定价现象，发现特定尾数的价格调整比其他价格调整缓慢，由于当时的理论无法解释这种现象，Kashyap（1995）从认知心理学角度提出尾数定价理论作为一种可能的解释。Knotek（2010）发现相对于仅考虑菜单成本的理论框架，基于尾数定价理论构建的分析框架能够更好地拟合真实世界的数据特征，表明尾数定价的确是重要的价格粘性来源之一。

由于微观数据难以获得，早期的经验研究主要采用调查问卷的方式进行。Blinder et al.（1998）在一项针对 200 家美国公司定价行为的调查研究中，将尾数定价理论列为解释价格粘性的十二个代表性理论之一，调查这些理论在实际定价过程中的重要性，结果表明，88% 的零售商在他们的定价决策中充分考虑尾数定价的重要性，在非零售行业，有 47% 的公司认为价格尾数是定价决策中要考虑的重要因素。近年来，越来越多的证据表明厂商采用尾数定价模式，但仍缺乏尾数定价和价格粘性之间关系的直接证据。2011 年，Levy et al.（2011）使用来自 293 个网络卖家的 474 种消费电子产品以及一家美国大型连锁超市的微观数据，发现 9 是最常见的价格尾数，并且 9 尾数价格比非 9 尾数价格更具粘性，为尾数定价理论提供了来自真实世界最直接的经验证据。Snir（2012）分别使用来自受控实验、田野实验和美国大型连锁超市的数据，进一步深入研究消费者对价格尾数的认知过程并检验 9 尾数价格和价格粘性的联系，发现消费者使用 9 尾数作为低价信号，这种信号干扰消费者对不同价格的比较，[①] 尤其是当消费者面临高认知负荷时（High Cognitive Load），9 尾数价格常常会使得消费者低估实际价格。[②] 此外，消费者对 9 尾数价格上涨敏感度更高，比如价格从 99 元调整到 101 元，消费者认为是从 90 多元上涨到 100 多元，从而认为价格明显上涨，从 99 元调整到 97 元则不会明显感觉到价格下降。这种差异影响到企业定价决策，导致 9 尾数价格带来的价格粘性仅具有向上粘性。

除了 9 尾数价格模式，现实生活中还存在其他的尾数定价模式。早在 1986 年，Cecchetti（1986）发现在自动售货机和便利店出售的商品中，以数字 0 和 5 作为尾数的价格非常常见。由于这种定价模式可以减少交易

---

① 例如，对于定价 99 元和 101 元的商品，消费者往往会将前者模糊认知为 90 多元，将后者认知为 100 多元，从而形成两者价差超过两元的印象。

② 当购买的商品比较多时，人们往往难以对商品价格进行精确比较，此时可以认为是高认知负荷情形。

过程中找零的数量，因此将这种价格称为方便价格（Convenient Prices）（Knotek，2008）。Levy 和 Young（2004）发现 6.5 盎司可乐的名义价格在 1886—1959 年间固定为 5 美分，也是一个典型的方便价格的例子。那么，方便定价模式会导致价格粘性吗？ Knotek（2008）通过构建模型模拟公司的定价决策，发现方便定价模式会影响公司的调价行为，降低方便价格的调整概率。利用来自美国的商品和服务价格数据集，Knotek（2011）进一步发现对于需要排队购买、使用现金购买以及通常单独出售的商品，零售商偏好采用 0 和 5 作为价格尾数，并发现这种所谓的方便价格比其他价格表现出更高的粘性。就目前的研究而言，上述两种尾数定价模式最为常见。不过 Levy et al.（2011）最近指出，不同国家尾数定价模式受其文化传统的影响表现出一定的差异，可能存在其他的定价模式，因此未来需要结合文化因素考察不同尾数定价模式对价格粘性的影响。

2.2.3　公平定价理论

公平定价理论由 Rotemberg（2005）正式提出，认为消费者会从公平角度出发判定厂商定价合理性。如果厂商随意涨价或者降价，消费者将认为其定价有失公允，从而不再购买其产品以示"惩罚"。受此制约，即便厂商的最优价格发生变化，由于害怕消费者"惩罚"，也不会立即进行价格调整。如果名义价格保持固定，一般情况下，可以预期消费者不会更新有关公平信息的信念。公平定价理论框架意味价格变化受到宏观经济条件变化的影响。例如，经过一段时间的通货膨胀，消费者很可能会容忍（或接受）名义价格上涨。此时，厂商会捕捉到调整价格的机会。另外一个要考虑的是价格变动的大小。消费者很可能对较大幅度的价格上调反应较大。原因在于消费者认为公平的价格上涨是与成本的增加成比例的，考虑到消费者仅有关于企业成本的有限知识，他们更容易把一个非常大的价格上涨视为不公平。

公平定价理论与价格粘性的其他解释之间的主要区别在于，公平定价理论意味着价格的变化依赖于宏观经济条件。宏观经济条件的变化将为客户提供有关价格行为的成本信息，使得消费者能够更好地评估价格变动的公平性。公平定价理论是由"客户对立理论"（Customer Antagonism Theory）演变而来，该理论认为当价格变化超过预期的范围，或者违反通常的定价模式，客户可能会产生对立情绪，将对产品销售产生负面的效应（Blinder et al.，1998；Stiglitz，1999）。在更早期的研究中，Oken（1981）提出"看不见的握手"，认为企业和客户的长期合作关系形成了一种隐含的协议，使得企业不能随意调整价格，从而导致价格具有粘性，也构成了公平定价理论的思想渊源。与以往仅关注厂商自身调整成本的静态研究视角不同，公平定价理论从消费者与厂商间的动态博弈角度探讨了价格粘性的成因，是对价格粘性理论研究的重要推进。

在经验研究层面，Zbaracki et al.（2004）提供的证据表明客户经理的确担心消费者感到不公平定价，他们认为，价格频繁调整可能会损害公司在消费者心目中的声誉、持续性和可信度，因此对调价行为持谨慎态度。Mitev（2004）利用来自法国交通部门的数据，发现法国铁路系统从固定的和可预见的定价方式向动态收益管理定价方式的转变招致法国公共交通用户强烈的批评，不过在一段时间以后逐渐被广泛接受。Dhyne（2006）认为企业试图与顾客保持长期合作关系以获得稳定的销量，为此，只有在成本发生较大幅度变化时才会调整价格，以获得顾客的信任。Rotemberg（2009）进一步指出，公司价格变化大小不同将导致顾客不同程度的"后悔"心态。在最近的一项耗时 28 个月的随机田野实验研究中，Anderson 和 Simester（2012）观测了超过 50000 名客户，观察他们在相同的零售商购买的产品随后下调销售价格时会做出何种反应。结果表明，如果客户看到零售商对同样的商品收取了比他们先前支付的价格更低的费用，许多客户将停止从该零售商购买。而且那些在最高价格购买的客户反应程度更大，说明公司最有价值的客户对不公平定价的抵制程度更强烈，这极大地放大了公司的调价成本。因此，企业通过限制价格调整的频率或幅度可以降低这些成本。受制于与数据的质量，目前的研究还较为粗糙，未来应进一步定量测度何种程度的价格调整将被客户认为是不公平定价，以及客户如何根据价格调整幅度的大小对企业价格调整做出不同程度的惩罚。

2.2.4 粘性信息理论

粘性信息理论的思想源于 Calvo（1983），Mankiw 和 Reis（2002）发展了该理论，重点考察了信息对厂商市场行为的影响，认为厂商定价决策依赖于有关宏观经济运行的信息，由于不同厂商获取信息的能力不同，导致这些信息在不同经济主体之间的传播速度也有所不同。在每一个时点上，只有一定比例的厂商能够更新其信息从而调整价格（这个比例是外生的）。对于未能掌握最新信息的厂商，其定价决策仍依赖于过时的信息，从而保持价格不变。粘性信息理论的提出推动了信息经济学和宏观经济学的进一步融合，为价格粘性成因的微观基础提供了深刻的洞见，迅速成为有关价格粘性的代表性理论之一。

粘性信息理论提出后，许多研究者利用多个国家和地区的经济运行数据进行了经验研究。Khan 和 Zhu（2002，2007）运用粘性信息模型下菲利普斯曲线分析开放和封闭条件下美国、加拿大和英国的经济数据，结果表明美国和加拿大企业平均 4 季度更新一次自己的信息，在英国则多于 7 个季度。Dopke 等（2008）使用来自美国和欧洲的数据，考察了不同国家的信息传输过程，发现与美国相比，意大利、德国、法国等 3 个欧洲国家的信息传输过程较慢。来自调查问卷的数据也发现粘性信息的证据。根据 Dhyne（2010）的调查分析，约 48% 的企业在定价时会广泛收集有关未来经济发展的各种信息，表明企业在给产品定价时重视各方面信息的影响，为粘性信息理论提供了又一有力佐证。虽然 Mankiw 与 Reis 等经济学家不断强调粘性信息模型的重要性，但也有一些经济学家对这一模型的解释力持怀疑态度，认为价格粘性的形成受到多种因素的影响，应该通过构建更为综合的宏观经济模型，进一步提升理论模型对经济现实的解释力。Dupor et al.（2010）使用与 Mankiw 和 Reis（2002）类似的数据、时期和估计方法，发现基于菜单成本和基于粘性信息的粘性价格模型对于解释通货膨胀动态特征来说都有重要的意义。在最近的一项研究中，Tomiyuki（2013）在粘性信息模型基础上，构建包含菜单成本和粘性信息的双粘性价格模型（Dual Stickiness Model），认为双粘性模型能更好地解释价格水平、产出等指标的粘滞现象。相对于比纯粘性信息模型，双粘性模型的提出更加符合经济现实，代表未来的研究趋势。

2.3　粘性价格真的存在吗？—经验检验与基本事实

自 20 世纪 20 年代起，经济学家就开始从经验角度关注商品价格调整行为。Mills（1927）利用从美国劳工统计局获得的超过 200 种商品的批发价格，对价格调整动态进行分析。他发现经济体中有两种类型的商品：一类是在灵活价格市场上交易的商品，这类商品的价格变化非常频繁。还有一类的商品的价格调整则较为缓慢。Means（1935）把第二种类型的价格称为"有管理的价格"（Administered Prices），实际上就是粘性价格的"前身"。随后，众多研究开始通过使用各种数据集对价格行为展开研究，形成了一个丰富的文献。本节针对价格粘性存在性问题，从数据来源、估算方法、估计结果与跨国比较四个方面，对现有研究进行回顾。

2.3.1　数据来源

近年来，随着各国历史数据的累积，使得对粘性价格的存在性进行基于大样本的计量检验成为可能。既有文献一般使用三种不同类型的数据进行价格粘性的经验研究。

第一类是官方编制 CPI 指数使用的产品级价格数据（Bils 和 Klenow，2004；Dhyne et al.，2006；Nakamura 和 Steinsson，2008；Klenow 和 Kryvtsov，2008；Gagnon，2009）。这种数据最大的优势是来自官方统计机构，具有权威性，是目前的研究中最为主要的数据来源。目前 CPI 数据仅少数发达国家能够提供，这些国家的研究人员利用 CPI 微观数据对本国的价格粘性进行测度，为构建符合本国经济实际的宏观经济模型提供了微观证据。CPI 数据的缺陷在于，这些价格一般一个月提供一次，难以观测月内发生的变化，存在较大的测量误差。对于季节性产品或者当产品脱销、下架时，会发生强制性产品替换（Forced Item Substitution），这将产生人为的价格变化，也可能导致较大的误差。[①] 第二类是来自超市的扫描数据（Scanner Data）（Campbell 和 Eden，2010；Abe 和 Tonogi，2011；Eichenbaum，Jaimovich 和 Rebelo，2011；Gopinath et al.，2011），是指超市出售商品时扫描条形码过程中记录下来的品名、价格、销售数量等信息。通过这种方法采集到的数据质量非常高。但扫描数据的缺点也比较明显，比如扫描数据主要由商业机构收集，需付费使用，因此成本较高；仅记录成交产品的信息，存在样本选择问题；采样对象主要是日用消费品，在某些情况下，数据仅来自某个单一的零售店，因此样本代表性不够；同时，扫描数据一般以周频率采集，仍然存在较大的测量误差。

第三类是来自互联网的数据（Scraped Data）（Cavallo，2010，2012；Ozmen 和 Sevinc，2011），是指通过网页提取软件收集的购物网站数据，包括商品的品名、规格、价格、销量、评价等信息。Cavallo（2010）首先运用网络数据对阿根廷等拉美四国的价格粘性进行研究。由于阿根廷等国没有公开官方 CPI 产品级价格数据，他从 2007 年开始收集拉美四国的网上超市数据，利用这些数据进行价格粘性及其行为特征研究。

相比而言，互联网数据的几点优势使其成为研究价格粘性的合意信息来源。首先，互联网数据可以每天定时获取，最终形成的数据集包含观测样本的每日价格，这种高频观测将极大地减少测量误差。第二，样本的信息非常详细，包括商品名、价格、销量、消费者评价、商品分类、销售商、商品 ID 等。特别是每个产品都有唯一的 ID 号，可以很方便地跟踪该产品的变化情况，包括价格变化、产品上架和下架时间等。第三，没有强制性替换问题。在官方统计数据中，对于季节性产品或者当产品脱销、下架时，都会发生强制性产品替换，这将产生人为的价格变化，可能导致较大的误

① 比如，当某个采样对象暂时脱销，采价员未找到对应产品时，她将对另一个同类产品采样，这时强制替换就发生了。一般情况下，替换产品的价格和原产品的价格不一样，因此强制替换的同时会发生价格变化，显然，这种价格变化并不是真实的价格变化，从而可能导致较大的测量误差。

差。相比之下，在线商品的价格数据，每个商品都有唯一的完整价格序列，避免了强制性替换问题。最后，零售商所有出现在网页上的商品都包含在观测样本中，不存在样本选择问题。网络数据的主要缺点是仅涵盖 CPI 篮子的部分商品，比如主要包含衣着、食品、家用类商品数据。但随着电子商务的发展，在线商品的品种越来越丰富，这种限制正在逐步减少。此外，有证据显示，在线商品价格的行为，在价格变化的时机和规模方面，都类似于离线价格行为（Cavallo，2010）。[①] 因此，网络数据为微观层面的研究提供了非常独特的数据来源。特别是对于大多数发展中国家，产品级扫描数据和 CPI 价格数据难以获得，网络数据几乎是微观价格行为研究唯一方便可行的数据来源。上述三种不同来源数据的优缺点简单总结为表 2-3。

表 2-3　不同数据来源的优缺点比较

指标	CPI 数据	扫描数据	网络数据
数据可获得性	仅限于部分发达国家	可向商业机构购买	可通过爬虫软件收集
规格品代表性	代表官方标准	覆盖部分 CPI 商品	覆盖部分 CPI 商品
采集频率	月频率	周频率	日频率
信息详细程度	不含销量信息	含销量信息	含销量信息
采集点	固定	固定，可增加	广泛
人工误差	难以避免	自动采集	自动采集
采集成本	高	较高	较低
强制替代偏误	难以避免	无	无
样本选择问题	无	有	无
样本覆盖率	代表官方标准	限于超市出售的日常用品	取决于电子商务发展程度

2.3.2　估算方法

价格粘性估算的第二个重要问题是价格粘性估算方法的选择问题。价格粘性经验研究普遍采用的标准方法是通过估计价格变化的频率来衡量价格粘性的程度。其中有两种代表性的估算方法。一种是 Gopinath 和 Rigobon（2008）提出的方法（简称为 GR 法），具体计算过程如下：首先，

① Cavallo（2009）对零售商的线下价格进行了一个简单的调查，每 15 天收集一次，为期两个月，然后与相同产品的线上价格进行比较，结果显示，线上和线下产品的价格变化时机和规模具有明显的相似性。

对每个商品 i，计算在样本期内价格发生变化的频率 F_i，公式为：$F_i=$ 价格变化次数 / 样本期长度。其次，按照国家统计局的分类标准，计算每个基本分类的调价频率中位数。最后，把基本分类分为大类，计算大类的加权中位数频率，得到总价格频率。另一种是 Bils 和 Klenow（2004）提出的方法（简称为 BK 法），这种方法先计算每个小分类的加权平均频率，之后按照大分类计算加权中位数频率，得到总价格频率。由于价格频率呈正偏态分布（Right Skewed Distributions），具有长右尾特征，平均频率大于中位数频率，因此 Bils 和 Klenow（2004）的计算方法会导致更高的调价频率。目前的研究中，BK 法和 GR 法两种方法都有广泛运用，相比而言，平均频率容易受少数极端值的影响，因此，最近的文献多采用GR法估计价格频率。

除了价格频率，文献中通常还会计算出价格频率暗含的价格变化周期（Implied Duration）。价格变化周期是商品价格完成一轮调整需要的时间，提供了一种更直观的方式来衡量价格粘性程度。如果记价格周期为 D，价格频率为 F，则价格周期的计算公式为：$D=-1/\ln(1-F)$。该公式为文献中通用的公式（Nakamura 和 Steinsson，2008）。推导过程为：假定价格周期的持续时间服从指数分布，价格变化的风险率（Hazard Rate）在样本期内为常数 λ，则价格变化的频率为 $f=1-e^{-\lambda}$，这意味着 $\lambda=-\ln(1-f)$，根据价格周期的定义 $d=1/\lambda$，因此有 $d=-1/\ln(1-f)$。价格周期计算公式隐含了一个较强的假定，即价格变化的风险率为常数 λ，也就是说，价格变化的概率独立于调价行为发生后间隔的时间，调价的概率并不会随着上次调价时间的推移发生变化。从公式可以看出，价格频率越低，则价格周期时间越长，意味着价格粘性程度更强。因此，这两个指标是等价的，但价格周期更为直观。

2.3.3　价格粘性的估算结果

早期的研究利用杂志或者百货价格样本对价格粘性程度进行估算，发现名义价格调整缓慢，平均每年调整一次，因此认为价格存在较强的粘性（Cecchetti，1986；Kashyap，1995；Lach 和 Tsiddon，1996）。Blinder（1988）根据美国 200 家企业的调查数据，发现价格调整时滞平均为 3.5 个月。

Taylor（1990）在一篇综述文章中，总结了众多研究成果后指出，美国商品市场的名义价格平均持续时间在 1 年左右较为符合事实。早期的这些研究对价格粘性的存在性进行了有益探索，但这些研究使用的样本太小，包含的商品范围过于狭窄，结论不具一般性。

近年来，一些国家研究人员逐渐可以获得关于消费者物价数据，价格粘性的相关问题才得到较为深入的研究。比如美国劳工统计局（BLS）有条件开放微观层面的 CPI 统计数据；欧盟央行在 2003 年专门成立了通胀监测机构（Inflation Persistence Network，IPN）收集数据，为价格粘性测度、通货膨胀评估等工作提供基础数据。[①] 这些机构收集的大型数据集覆盖了消费者价格和生产者价格，通常包含至少数百万的观测值，能够为消费者和生产者价格的行为的研究提供系统的支持。特别是，基于这些大型数据库的研究推翻了一些基于小样本的研究所得出的结论。在这些研究中，Bils 和 Klenow（2004）利用美国劳工统计局的 CPI 价格数据，发现消费品价格 1995—1997 年的价格变化频率中值是 21%，名义价格平均 4.3 个月调整一次，为运用大样本数据研究价格粘性做出开创性贡献。自此之后，不同国家的研究人员利用微观数据对本国的价格粘性进行测度（Dhyne et al.，2005；Klenow 和 Willis，2007；Boivin et al.，2007；Nakamura 和 Steinsson，2008；Klenow 和 Kryvtsov，2008；Gagnon，2009；Ozmen 和 Sevinc，2011；Abe 和 Tonogi，2011；Cavallo，2010，2012；金雪军等，2013），为构建符合本国经济实际的宏观经济模型提供了微观证据。在发展中国家，来自国家统计局的官方数据暂时还难以获取，但网络数据为研究人员提供了一个新的数据来源。哈佛大学的 Cavallo（2010）在他的博士论文中，首次运用

---

① 目前 CPI 数据仅少数发达国家能够提供，且对数据的使用加以严格限制条件。例如，访问美国劳工统计局（BLS）微观层面的 CPI 统计数据，必须是美国公民或满足国家有关部门资格要求，提交一份详细的研究提案，经过几个月时间的等待，如果得到批准，可在劳工局指定的办公室，现场运行所有的分析。鉴于 CPI 数据高度机密性质，其他国家往往会设置更为严格的访问条件。在发展中国家，则基本没有访问的可能。所以，很大程度上，目前有关价格粘性的相关经验研究最主要的挑战是研究数据难以获得。

网络数据提取软件，收集了阿根廷、智利、哥伦比亚、巴西等拉美四国的数据，运用大样本网络数据展开价格粘性的研究。[①]

国内的相关研究中，渠慎宁等（2012）是最早利用微观数据进行价格粘性相关问题研究的开拓者，他们利用国家发改委价格监测中心收集的116 种商品和服务的微观价格数据，对居民消费价格的波动和定价模式进行了经验研究，为厂商行为与市场化程度分析提供了较为深刻的洞见。与此相关的另一项研究来自蔡晓陈（2012），该研究以隐含的季度 GDP 缩减指数作为价格指数度量指标估计了 1992—2012 年的中国价格粘性程度，发现价格平均持续时间为 3.4 ～ 8.1 个月。但由于宏观数据的一些固有缺陷，比如在指数生成过程中会损失许多有用信息，通常会导致估计结果有较大偏差。借鉴 Cavallo（2010）的方法，金雪军等（2013）利用网络文本提取与挖掘技术，收集了从 2010 年 12 月至 2013 年 2 月间的来自互联网 350 万种商品的连续价格数据，构建超过 15 亿条观测的产品层面微观数据库，首次利用大样本产品级价格数据对中国商品市场名义价格粘性进行测度。发现总体价格变化的加权中位数频率是每天 1.23%，总体价格持续时间中值为 2.7 个月，剔除促销的影响后，价格持续时间中值增加到 3.4 个月，为构建符合中国实际的宏观经济模型提供了有关价格粘性设定的最新经验证据。

价格粘性的测度刻画了价格调整频率和价格持续时间的事实，那么根据这些研究结果，如何判断一个国家的价格水平是否存在粘性？目前学界并没有判断价格灵活性的统一标准，较为普遍的做法是将本国的价格粘性与其他国家的价格粘性进行比较，以确定相对灵活程度（Klenow 和Malin，2010；Ozmen 和 Sevinc，2011）。我们总结了既有文献采用类似方法估算价格粘性的结果，对各国的价格粘性程度进行比较。总体而言，不同国家的价格粘性程度估算结果具有很大差异。表 2-4 的结果显示，欧洲

---

① Cavallo（2013）认为，一些拉美国家的统计"注水"现象非常严重，官方数据权威性丧失，因此网络数据更加客观。目前，Cavallo 在 MIT 斯隆管理学院的支持下开始收集全球 50 多个国家的数据，用于更大范围的跨国研究。随着电子商务的迅猛发展，许多国家的中央银行或者统计机构也开始收集网络价格数据，比如美国 BLS 表示将采用网络价格调查作为传统 CPI 调查的补充。

国家表现出相对较强的价格粘性，价格周期在 4.5 到 10 个月之间。与欧洲相比，美国价格相对灵活，价格周期小于 5 个月。新兴市场国家均表现出较高调价频率，总体价格的持续时间均低于美国。中国的价格粘性程度远低于发达国家的水平，但高于部分经济水平相似的其他发展中国家。

表 2-4　各国价格粘性估算结果

国家	周期（月）	频率（%）	文献来源	样本期
意大利	10.00	10	Fabiani et al.（2006）	1996:01—2003:12
德国	8.85	11.3	Hoffmann 和 Kim（2006）	1998:02—2004:01
西班牙	6.67	15	Alvarez 和 Hernando（2006）	1993:01—2001:12
英国	6.67	15	Bunn 和 Ellis（2009）	1996:01—2006:01
奥地利	6.62	15.1	Baumgartner et al.（2005）	1996:01—2003:12
匈牙利	6.62	15.1	Gabriel 和 Reiff（2008）	2001:12—2007:06
南非	6.25	16	Creamer 和 Rankin（2008）	2001:12—2006:02
芬兰	6.06	16.5	Vilmunen 和 Laakkonen（2005）	1997:01—2003:12
荷兰	6.06	16.5	Jonker et al.（2004）	1998:11—2003:04
比利时	5.92	16.9	Aucremanne 和 Dhyne（2004）	1989:01—2001:01
卢森堡	5.88	17	Lunnemann 和 Matha（2005）	1999:01—2004:12
丹麦	5.78	17.3	Hansen 和 Hansen（2006）	1997:01—2005:12
法国	5.29	18.9	Baudry et al.（2007）	1994:07—2003:02
挪威	4.69	21.3	Wulfsberg（2009）	1975:01—2004:12
葡萄牙	4.50	22.2	Dias et al.（2004）	1992:01—2001:01
日本	4.33	23.1	Saita et al.（2006）	1999:01—2003:12
以色列	4.08	24.5	Baharad 和 Eden（2004）	1991:01—1992:12
美国	3.97	26.1	Bils 和 Klenow（2004）； Klenow 和 Kryvtsov（2008）； Nakamura 和 Steinsson（2008）	1995:01—1997:12 1988:02—2005:01 1988:02—2005:01
墨西哥	3.46	28.9	Gagnon（2009）	1994:01—2004:12
中国	3.43	29.1	金雪军等（2013）	2010:12—2013:02
斯洛伐克	2.94	34	Coricelli 和 Horvath（2006）	1997:01—2001:12
阿根廷	2.80	36	Alberto Cavallo（2012）	2007:10—2010:08
巴西	2.26	44	Gouvea（2007）； Barros et al.（2009）； Alberto Cavallo（2012）	1996:01—2006:12 1996:03—2008:12 2007:10—2010:08
智利	2.18	45.9	Medina et al.（2007）； Alberto Cavallo（2012）	2007:10—2010:08 2007:10—2010:08
哥伦比亚	2.10	48	Alberto Cavallo（2012）	2007:10—2010:08
塞拉利昂	1.94	51.5	Kovanen（2006）	1999:01—2003:04
土耳其	1.85	54.1	Ozmen 和 Sevinc（2011）	2006:10—2011:01

　　注：部分国家有多篇文献对其价格粘性进行估计，结果有所不同，我们将不同作者的研究结果取平均作为该国的最终结果。比如美国的数据由 Bils 和 Klenow（2004）、Klenow 和 Kryvtsov（2008）、Nakamura 和 Steinsson（2008）的研究结果取平均。巴西的数据由 Gouvea（2007）、Barros et al.（2009）、Alberto Cavallo（2012）的研究结果取平均。智利的数据由 Alberto Cavallo（2012）、Medina et al.（2007）的研究结果取平均。

2.3.4　价格粘性测度研究需注意的几个问题

在价格粘性的估算过程中，商品促销问题和异质性问题等对结论的影响较大，需要仔细处理，以便得出较为可靠的结论。

首先是促销问题。促销价格变化对总体价格水平的影响远小于同等程度的正常价格变化（Kehoe 和 Midrigan，2007），经验研究结果表明（Nakamura 和 Steinsson，2008），价格的粘性程度对临时价格折扣或促销行为是高度敏感的，包含促销和剔除促销的粘性程度相差约两倍，因此在估算价格粘性程度过程中需要仔细识别并区分促销和非促销价格变化（Cavallo，2010，2012）。通常的做法是，通过设计促销过滤器或根据数据集的促销标志剔除促销价格，以剔除促销后的价格粘性结果作为最后的结论。

其次是价格粘性的异质性问题。Nishimura（2000）指出，尽管总体而言产品价格不能针对市场条件的变化灵活调整，但也存在能够迅速调整的产品价格，即使在同一产业，也能发现粘性与灵活性共存的现象。Aucremanne 和 Dhyne（2004）利用比利时的 CPI 数据对此提供了佐证。他们发现，月度变化频率较高的能源价格（接近 70%）是非能源的工业产品和服务的 10 倍（仅为 7.5%），表明不同种类的商品价格之间具有较强的异质性。金雪军等（2013）也发现不同类别商品组内和组间的价格粘性程度都存在较强异质性。由于总体价格粘性程度是由不同种类商品的价格粘性加权而来，价格粘性异质性将直接影响到最终的结果，因此需要注意不同商品种类的权重分配问题。此外，价格粘性存在异质性也具有较强的宏观含义：一方面，不同类别商品的粘性特征所包含的信息能有助于我们更好理解通胀动态。另一方面，根据 Carvalho（2006）的研究，价格变化频率的部门异质性，将会通过战略互补等机制对总体价格水平的调整速度产生影响，从而增加宏观水平上的价格粘性，因此，异质性的存在可能解释了微观粘性与宏观结果的差异。

2.4 粘性价格、定价模式及其经济含义：从微观走向宏观

2.4.1 基于粘性价格理论的宏观经济政策选择

随着近年来新凯恩斯学派的崛起，有关价格粘性的相关事实及统计分析得到大量实证研究支撑（Bils 和 Klenow，2004；Dhyne et al.，2006）。这些研究为分析市场结构，建立合理的结构宏观模型模拟行业及宏观经济周期波动、进行短期货币或财政政策影响测算提供了微观证据。新凯恩斯经济学通过建立价格粘性的微观理论框架，进一步发扬了凯恩斯宏观经济学的核心观点，即价格粘性的存在使得市场难以自动出清，从而影响国民经济的长期均衡。

粘性价格理论对于宏观经济理论的重要性在于，它对于名义冲击的实际效果提供了一种潜在的解释。总体而言，根据对经济周期中价格粘性意义的不同看法，可以将现代宏观经济学区分为两大流派，即"新古典"（New-Classical）和"新凯恩斯主义"（New-Keynesian）宏观经济学。强调名义价格粘性的凯恩斯主义经济学家认为，当价格调整存在障碍时，名义冲击对实际变量至少在短时期内有实际影响，因此经济发生衰退或者通货紧缩的时候，政府应实施"相机抉择"的宏观调控政策，这将带来较高的产出增长和较小的物价上涨；新古典经济学的基本观点是，当价格完全灵活时，名义冲击只会影响价格，而对数量没有影响。因此，强调价格能够灵活调整的新古典经济学家认为，商品市场的自由调整会"熨平"经济波动对产出的潜在影响，政府的"相机抉择"调控只会带来物价水平上涨，而对产出的刺激作用较小。因此，对商品市场的微观层面的名义价格粘性的存在性以及价格粘性程度进行定量测度的重要意义在于，能够有助于分辨哪一种宏观经济理论更加适用于宏观经济分析。

2.4.2 基于粘性价格理论的总量定价模式研究

微观价格设定行为是具有微观基础的现代货币模型的分析起点（Starting Point）。不同粘性价格微观生成机制所决定的总量价格定价模式

具有截然不同的宏观经济影响。在货币政策理论模型中，不同的价格设定模式蕴含着不同的货币政策含义。一般认为，总量价格定价模式主要分为时间相关定价（TDP）和状态相关定价（SDP）两类。

在时间相关定价模式中，企业改变价格的决定是外生的，独立于经济状态的改变，价格调整按照随机或确定性规则，比如企业的价格确定取决于时间因素，给定时期仅部分企业更新价格（Taylor，1980），或者以一定概率随机调整价格（Calvo，1983），因此，企业的调价行为对外界因素冲击的响应速度较慢，总体价格水平的调整不够灵活，货币政策对总产出的刺激作用具有较持久的影响。在状态依赖模型中，改变价格的决定是内生的，即在每一个时刻，经济主体根据价格变动的成本和效益的评估，决定是否改变他们的价格。在这类模型中，价格变动的概率依赖于反映经济状态的变量，譬如相对价格和通货膨胀率。状态依赖定价的微观经济模型最早由 Barro（1972）和 Sheshinski 和 Weiss（1977，1983）提出，强调企业能够在任何时候更改价格，但必须支付调价带来的成本，因此企业通过比较调价收益和调价成本，选择是否改变产品的价格以应对冲击（Dotsey et al，1999；Golosov 和 Lucas，2007），由于这种"选择效应"（Selection Effect）的存在，价格水平能够相对迅速地响应经济波动冲击，这时货币政策对总产出的刺激作用将更为短暂。

假设状态依赖定价行为的宏观模型推导出的实际产出和通货膨胀的含义，与使用时间相关定价规则的宏观模型的预测显著不同。例如，Caplin 和 Spulber（1987）构建了一个宏观模型，在该模型中假定企业调价是不完全同步的，并按照 Sheshinski 和 Weiss（1977，1983）提出的状态定价模式调整价格。在这个模型中，货币对产出没有实际效果，而且总体物价水平没有粘性。与此相反，在假定价格调整属于时间依赖型的交错定价模型中，货币对产出可以有显著真实效果，并且可以产生显著总价格粘性。

显然，在货币政策理论模型中，不同的价格设定行为假设蕴含着不同的货币政策含义。可以说，在宏观建模时，价格规则设定具有至关重要的影响，价格设定规则是否符合现实决定了所构建的模式能否刻画经济现实。不同于传统文献把粘性价格视为经济体的固有特征从而外生化处理，现代宏观经济模型在假设价格缓慢调整基础上，通过对价格调整模型进行显式建模讨论粘性价格的影响并进行货币政策效果评估（Burstein，2006）。因此，考察企业价格粘性形成机制，正确设定总量价格定价模式，对于评估货币政策效果的持续性问题具有重要意义。

2.4.3 价格粘性理论对均衡模型的影响

自从经验数据观察到所谓的"菲利普斯曲线"开始（Phillips，1958），经济学家们认为名义刚性至少在短期内是主导通货膨胀和失业率之间替代关系背后的主要原因。然而，由于早期的经济学家们缺乏足够的工具，一直难以正式讨论价格粘性的影响。直到 DSGE 模型出现，粘性价格模型正式纳入 DSGE 模型。DSGE 模型给予经济学家的分析工具，能够定量分析实证和规范的问题，此时，在价格粘性条件下的通胀持久性的性质和最优货币政策才得到正式分析。

最近基于价格粘性假设的 DSGE 模型和使用数字模拟技术的分析取得了显著进展，这些模型可以对价格变化的典型事实以及所观察到的总体价格粘性进行理论解释，并根据价格行为动态的事实对理论模型进行校准，从而用于宏观经济分析（Golosov 和 Lucas，2007；Klenow 和 Kryvtsov，2008）。目前存在的主要理论问题仍然是如何理解微观层面小的摩擦在产生足够的总量层面的价格粘性过程中的作用，从而深入理解所观察到的通货膨胀和产出变化动态模式的微观机理，因此，微观机制和宏观表现之间的关联仍然迫切需要理论层面的探索。此外，对于均衡理论模型构建值得指出的是，由于每个国家的市场环境不同，直接借鉴其他国家研究结论构建的理论模型缺乏相应的事实基础，一定程度上将影响研究结论的可靠性。随着理论研究的深入，迫切需要构建更加符合各国实际的宏观模型，这一客观现实要求更多的基于本国微观数据的经验研究为宏观模型的合理设定提供经验证据的支持。

2.5 小结

基于粘性价格在宏观经济学中的关键地位，有必要对其进行深入的研究。本章对近年来代表性的价格粘性理论与实证文献做了一个梳理和回顾。可以看出，现有文献已为该领域的研究奠定一定基础，但还存在一些不足，需要进一步深化与完善，具体体现在以下几个方面：（1）价格粘性的测度研究尚不全面。虽然多数发达国家都运用本国的统计数据展开了富有成效的研究，但还不够细致深入，比如价格粘性的结构性特征，不同产业和类别的价格粘性异质性及其宏观含义，不同国家价格粘性程度存在巨大差异的原因等问题都有待回答。（2）在理论研究层面，还没有形成统一的研究框架。目前的研究从多种角度对价格粘性的成因进行解释，却无法了解何者是主要原因，结果导致这一研究领域众多理论"齐头并进"的局面。未来的理论研究应注重价格粘性多种原因的综合效应研究。（3）理论与经验研究的紧密结合是价格粘性研究的未来趋势。由于数据的局限，目前的经验研究对既有理论的检验还较为粗糙，未来应进一步提升数据质量和计量方法，对各种理论进行更为细致的检验，推动符合现实的新理论产生。

目前，我国关于价格粘性的研究还处于起步阶段。一方面，在理论层面，迫切需要建立符合中国现实的价格粘性问题的理论基础。作为现代宏观经济模型中最为基础的假定，价格粘性的成因和总量定价模式的设定对于结构宏观模型能否准确刻画一国经济状况至关重要。近年来，国内许多学者采用国外理论模型的设定，构建新凯恩斯范式的模型来分析中国经济波动、货币与财政政策等问题。由于每个国家的市场环境不同，直接借鉴国外研究结论构建的理论模型缺乏相应的事实基础，将影响了这些研究结论的可靠性。随着理论研究的深入，需要构建更加符合中国经济实际的宏观模型分析中国经济问题。因此，如何建立适用于我国经济现实的价格粘性理论框架，是目前的理论研究面临的重大课题。另一方面，在经验研究层面，由于数据的限制，国内的相关研究还非常稀缺。随着电子商务和大数据的崛起，利用网络数据进行经验研究成为可能。但网络数据的获取与处理需要用到数据挖掘技术，还存在不小的技术门槛，对大规模研究形成制约。未来需要学术界进一步努力，提升数据质量和数据可获得性，构建公开的数据库，为深入研究我国价格粘性问题奠定基础。

3 理论框架与实证命题拓展

本章建立一个简化的具有新凯恩斯主义特征的理论分析框架，阐述价格粘性在总价格水平的调整以及货币冲击发生时扮演的作用，说明货币中性和货币非中性的发生机理以及是否引入名义摩擦对宏观经济模型的重要意义，从而有助于理解为什么价格粘性研究在宏观经济学文献中扮演着如此重要的角色，并对本书后续的实证研究奠定理论基础。

3.1 建模思路

货币经济学是宏观经济学中最富成果的研究领域之一。许多学者致力于探究货币政策、通货膨胀和经济周期之间的关系，增进了人们对有关问题的理解，并导致了所谓"新凯恩斯主义模型"这一分析框架的产生和发展。目前，该分析框架已广泛应用于货币政策研究。本章建立一个简化的具有新凯恩斯主义特征的分析框架，讨论货币政策和宏观经济之间的关系及相应的政策含义。

本章的建模思路是，首先，构建一个简单的古典主义货币经济基准模型，在所有市场均完全竞争、价格和工资完全灵活的假设下，对经济的均衡进行分析。满足市场完全竞争和价格完全灵活假设的经济，被称为"古典货币经济"，其特征是均衡中的资源配置是有效率的。在这种情况下，货币政策仅对名义变量产生影响。接下来在基准模型基础上进行拓展，主要是加入了产品多样性、垄断竞争和名义价格粘性等新凯恩斯主义特征假设，从而阐述货币非中性的发生机制。该模型假定劳动市场是竞争性的，问题被归结为求解企业在通胀动态情形下的最优定价行为。根据家庭和企业最优化条件和市场出清条件，可推导出模型在均衡时的表达形式，并揭示出货币政策非中性的发生机理。

3.2 基准模型——古典货币模型

本节建立一个简单的古典货币模型。模型最重要的假设是所有市场完全竞争和价格充分灵活。在这种假设条件下，货币的唯一职能是记账单位。按照利率规则制定的货币政策与经济均衡的货币数量几乎没有直接关系。当货币政策包含货币供给时，就可以设定一种没有微观基础的"传统"货币需求方程。具体而言，在本章的分析框架中，假定代表性家庭求解的是一个动态最优化问题。首先描述了该最优化问题及其最优化条件。其次在企业是价格和工资接受者的假定下，探讨了代表性企业的生产技术及其最优行为。最后描述了均衡的性质，并阐释了真实变量如何唯一地确定，且同货币政策无关。

3.2.1 家庭

假定代表性家庭求解的是一个动态最优化问题。首先描述该最优化问题及其最优化条件。代表性家庭寻求如下目标函数的最大化：

$$E_0 \sum_{t=0}^{\infty} \beta^t U\left(C_t, L_t\right) \qquad (3.1)$$

其中，C_t 是消费量，L_t 表示劳动或就业时间。假定效用函数 $U\left(C_t, L_t\right)$ 是连续且二次可微的，满足：

$$U_{c,t} = \frac{\partial U\left(C_t, L_t\right)}{\partial C_t} > 0, \quad U_{cc,t} = \frac{\partial^2 U\left(C_t, L_t\right)}{\partial C_t^2} \leqslant 0$$

$$U_{l,t} = \frac{\partial U\left(C_t, L_t\right)}{\partial L_t} > 0, \quad U_{ll,t} = \frac{\partial^2 U\left(C_t, L_t\right)}{\partial L_t^2} \leqslant 0$$

也就是说，假定消费的边际效用是正的、非递增的，而劳动的负边际效用是正的、非递减的。

最大化（3.1）式的预算约束是：

$$P_tC_t \leq W_tL_t \qquad (3.2)$$

其中，$t=0，1，2，\cdots$，P_t 是消费品价格，W_t 表示名义工资。

在（3.2）式约束下最大化（3.1）式，可得到家庭消费和劳动供给的最优化条件：

$$-\frac{U_{l,t}}{U_{c,t}} = \frac{W_t}{P_t} \qquad (3.3)$$

利用变分法思想可推导出上述最优化条件。首先，考虑 t 期的效用较最优计划发生微小偏离，该偏离包括消费增加 $\mathrm{d}C_t$ 和劳动时间增加 $\mathrm{d}L_t$，同时保持其他变量（如其他时期的消费和劳动时间）不变。如果家庭最初遵循的是最优计划，那么对于满足如下预算约束的任意一对组合（$\mathrm{d}C_t$，$\mathrm{d}L_t$），

$$P_t\mathrm{d}C_t = W_t\mathrm{d}L_t \qquad (3.4)$$

下式必定成立：

$$U_{c,t}\mathrm{d}C_t + U_{l,t}\mathrm{d}L_t = 0 \qquad (3.5)$$

否则的话，可以通过增加（或减少）消费和劳动时间来提高效用，而这与家庭遵循最优计划的假设相矛盾。简单整理上述两个方程，就可以得到最优化条件（3.5）式。

在接下来的讨论中，遵循（Nakamura 和 Steinsson，2013），假设家庭的效用函数具有如下形式：

$$U（C_t，L_t）= \log C_t - L_t \qquad (3.6)$$

则消费者的最优条件为：

$$\frac{W_t}{P_t} = C_t \qquad (3.7)$$

方程（3.8）可记为对数线性形式：

$$w_t - p_t = c_t \qquad (3.8)$$

其中，小写字母表示相应变量的自然对数。式（3.8）决定了家庭的最优劳动供给数量，可作为竞争性市场上的劳动供给函数，即在消费的边际效用给定的情况下，劳动供给数量是真实工资的函数。

3.2.2　企业

本部分内容在企业是价格和工资接受者假定下，探讨代表性企业的生产技术及其最优行为。假定代表性企业的技术由如下生产函数给定：

$$Y_t = A_t L_t^{1-\alpha} \qquad (3.9)$$

其中，A_t 为技术水平。企业的唯一投入要素为劳动。

给定价格和工资，企业在（3.10）式的约束下，最大化每一时期的利润：

$$P_t Y_t - W_t L_t \qquad (3.10)$$

在（3.10）式的约束下最大化（3.11）式，可得最优化条件：

$$\frac{W_t}{P_t} = (1-\alpha) A_t L_t^{-\alpha} \qquad (3.11)$$

也就是说，企业将不断增雇劳动，直至劳动的边际产品等真实工资。

将式（3.11）记为对数线性形式：

$$w_t - p_t = a_t - a l_t + \log(1-\alpha) \qquad (3.12)$$

其中，$a_t = \log A_t$ 是一个外生变动的随机过程。式（3.12）可解释为劳动需求函数，即在给定的技术水平下，劳动需求数量同真实工资之间的关系。

3.2.3　均衡

基本模型忽略投资、政府购买或净出口等总需求的其他组成部分。由此，产品市场出清条件由下式给出：

$$y_t = c_t \qquad (3.13)$$

即所有各期的产出都被消费掉。

结合产品市场出清条件、家庭和企业的最优化条件以及对数线性化的如下总量生产关系：

$$y_t = a_t + (1-\alpha) l_t \qquad (3.14)$$

可得到就业和产出的均衡水平：

$$l_t = \log(1-\alpha) \tag{3.15}$$

$$y_t = a_t + (1-\alpha)\log(1-\alpha) \tag{3.16}$$

以及真实工资 $\omega_t = w_t - p_t$ 的均衡水平为：

$$\omega_t = a_t - al_t + \log\log(1-\alpha) = a_t + (1-\alpha)\log\log(1-\alpha) \tag{3.17}$$

从上述模型的结论可以看出，均衡就业和产出的动态均同货币政策无关。产出随着技术变化而波动，技术变化是唯一的真实冲击来源。也就是说，对于这些真实变量而言，货币政策是中性的。

3.2.4 模型评价

在本章的分析框架中，假定代表性家庭求解的是一个动态最优化问题。模型首先描述家庭最优化问题及其最优化条件。然后在企业是价格和工资接受者的假定下，探讨了代表性企业的生产技术及其最优行为。最后在全部市场均完全竞争、价格和工资完全灵活的假设下，对经济的均衡进行了分析，并阐释了真实变量如何唯一地确定且同货币政策无关。该理论框架是高度简洁和形象化的，旨在说明满足完全竞争和完全灵活假设的"古典货币经济"中货币政策和宏观经济之间的关系。

基准古典经济模型的分析表明，真实变量同货币政策无关。显然，这一结论过于极端，并不符合真实世界的经验证据。该模型无法解释现实中所观察到的货币政策对真实变量的影响。事实上，大量的经验研究为货币政策短期"非中性"的观点提供了强有力支持（Christiano et al.，1999）。古典货币模型关于价格水平、名义利率等变量对于货币政策冲击反应的理论预测同经验证据大相径庭。正是这些经验方面的缺陷，促使经济学家们设法放松基准模型中过于严苛的假设，引入名义摩擦，构建更符合现实的模型，这正是接下来第二节的任务。

3.3 核心模型——新凯恩斯主义模型

在上节构建的理论框架基础上，本节的模型中加入了产品多样性、垄断竞争和价格粘性等假设，构建具有凯恩斯主义特征的核心模型，说明价格非中性的发生机制。为了阐释该理论框架，对上节探讨的古典货币经济的基本假设略做调整，其中最主要的调整包括两点：第一，假设每家企业生产一种差异化产品，从而在产品市场中引入不完全竞争；第二，在任何给定的时间段，假设只有一部分企业能够重新制定价格，从而为价格调整机制加入某种约束。由此得到的理论框架，可称之为"新凯恩斯主义模型"。最近几年，这类模型已成为分析货币政策、经济波动和社会福利等问题的最重要理论框架。

3.3.1 家庭

具有无限生命的代表性家庭寻求如下目标函数的最大化：

$$E_0 \sum_{t=0}^{\infty} \beta^t U\left(C_t, L_t\right) \tag{3.18}$$

其中 C_t 是一个消费指数，借鉴 Dixit 和 Stiglitz（1977），定义为常替代弹性形式：

$$C_t \equiv \left(\int_0^1 C_t\left(i\right)^{1-\frac{\alpha}{\varepsilon}} \mathrm{d}i\right)^{\frac{\varepsilon}{\varepsilon-1}} \tag{3.19}$$

其中 $C_t\left(i\right)$ 是家庭在时期消费的产品的数量，并假设存在以区间［0，1］表示的产品的连续统（Continuum）。

家庭将面临如下形式的预算约束：

$$\int_0^1 P_t\left(i\right) C_t\left(i\right) \mathrm{d}i = W_t L_t \tag{3.20}$$

其中 $P_t\left(i\right)$ 是产品的价格，L_t 表示劳动时间，W_t 表示名义工资。

对于家庭而言，除了要决定最优劳动供给，还需要决定如何在不同的产品间配置家庭的消费支出，也就是求解给定支出水平的消费指数最大化问题。对于任意给定的支出水平：

$$\int_0^1 P_t\left(i\right) C_t\left(i\right) \mathrm{d}i \equiv Z_t \tag{3.21}$$

构造拉格朗日函数如下：

$$L = \left[\int_0^1 C_t\left(i\right)^{1-\frac{1}{\varepsilon}} \mathrm{d}i\right]^{\frac{\varepsilon}{\varepsilon-1}} - \lambda\left(\int_0^1 P_t\left(i\right) C_t\left(i\right) \mathrm{d}i - Z_t\right)$$

$$(3.22)$$

从而可得一阶条件为：

$$C_t(i)^{-\frac{1}{\varepsilon}} C_t^{\frac{1}{\varepsilon}} = \lambda P_t(i) \tag{3.23}$$

对于任意两种物品（i，j），有：

$$C_t(i) = C_t(j) \left(\frac{P_t(i)}{P_t(j)}\right)^{-\varepsilon} \tag{3.24}$$

将上式代入消费支出的表达式可得：

$$C_t(i) = \left(\frac{P_t(i)}{P_t}\right)^{-\varepsilon} \frac{Z_t}{P_t} \tag{3.25}$$

将上述条件代入消费指数的定义得到：

$$\int_0^1 P_t(i) C_t(i) \, di = P_t C_t \tag{3.26}$$

合并上述两方程得到如下需求函数：

$$C_t(i) = \left(\frac{P_t(i)}{P_t}\right)^{-\varepsilon} C_t \tag{3.27}$$

对所有 $i \in [0,1]$ 成立。其 $P_t \equiv \left(\int_0^1 P_t(i)^{1-\varepsilon} di\right)^{\frac{1}{1-\varepsilon}}$ 中是总价格指数。

根据式（3.28），消费支出可记为价格指数和消费指数乘积的形式，代入（3.16）式，家庭的预算约束可写为如下形式：

$$P_t C_t \leq W_t L_t \tag{3.28}$$

其中，$t=0，1，2，\cdots，P_t$ 是消费品价格，W_t 表示名义工资。同样前节一样，利用变分法，在（3.28）式约束下最大化（3.29）式，可得到家庭消费和劳动供给的最优化条件：

$$-\frac{U_{l,t}}{U_{c,t}} = \frac{W_t}{P_t} \tag{3.29}$$

假设家庭的效用函数具有如下形式：

$$U(C_t, L_t) = \log C_t - L_t \tag{3.30}$$

则消费者的最优条件为：

$$\frac{W_t}{P_t} = C_t \tag{3.31}$$

方程（3.32）可记为对数线性形式：

$$w_t - p_t = c_t \qquad (3.32)$$

其中，小写字母表示相应变量的自然对数。式（3.33）决定了家庭的最优劳动供给数量。

3.3.2 企业

假定代表性企业的技术由如下生产函数给定：

$$Y_t(i) = A_t L_t(i)^{1-\alpha} \qquad (3.33)$$

其中，A_t 为技术水平，假设它随着时间外生变动，且对所有企业相同。企业的唯一投入要素为劳动。所有企业面相同的需求函数，并将总价格水平 P_t 和总消费指数 C_t 视为给定的变量。

借鉴 Calvo（1983）的做法，假设在任意给定时期，每个企业仅以 $1-\theta$ 的概率重新定价，且调价概率独立于上一次调整之后经历的时间。于是，每期有 $1-\theta$ 比例的企业重新设定他们的价格，而 θ 比例的企业保持价格不变。其结果是，价格的平均持续期为 $(1-\theta)^{-1}$。在这种定价模式中，θ 为度量价格粘性的指标。

根据上述假定，可以推出总价格动态。令 $S(t) \in [0,1]$ 表示在时期 t 没有重新设定价格的企业集合。$P_{i,t}^*$ 是企业 i 在 t 期对价格重新优化后的 t 期价格水平。值得注意的是，由于所有企业面临完全相同的问题，故它们必然选择相同的价格 P_t^*，也就是有：$P_{(i,t)}^* = P_t^*$。根据总价格水平的定义，有：

$$P_t = \left[\int_s P_{t-1}(i)^{1-\varepsilon} \, di + (1-\theta)(P_t^*)^{1-\varepsilon} \right]^{\frac{1}{1-\varepsilon}} \qquad (3.34)$$

由于有 θ 比例的企业在 t 时期没有对 $t-1$ 时期的有效价格进行调整，因此有：

$$P_t = \left[\theta (P_{t-1})^{1-\varepsilon} + (1-\theta)(P_t^*)^{1-\varepsilon} \right]^{\frac{1}{1-\varepsilon}} \qquad (3.35)$$

对总价格指数进行对数线性一阶近似，可得：

$$P_t = (1-\theta) P_t^* + \theta P_{t-1} \qquad (3.36)$$

上述结论表明，经济体的总价格水平（P_t）是滞后一期的总价格（P_{t-1}）和时期企业调整后的有效价格（P_t^*）的加权平均。

在任何时期均试图重新优化价格的企业，会选择不同于前期平均价格水平的价格。因此，为了理解总价格水平的动态演变路径，必须进一步分析企业的最优定价决策。也就是说，在 t 时期，重新优化价格的企业，将选择能够最大化其利润的当前市场价值的价格水平，即求解如下最优化问题：

$$\max \sum_{k=0}^{\infty} \theta^k E_t \{ Q_{t,t+k} (P_t^* Y_{t+k|t} - \Psi_{t+k} (Y_{t+k|t})) \} \qquad (3.37)$$

相应的需求约束为：

$$Y_{t+k|t} = \left(\frac{P_t^*}{P_{t+k}} \right)^{-\varepsilon} C_{t+k} \qquad (3.38)$$

其中，$k=0，1，2，\cdots，Q_{t,t+k} \equiv \beta (C_{t+k}/C_t)^{-\sigma} (P_t/P_{t+k})$ 是名义收益的随机贴现因子，$\Psi_t (\cdot)$ 是成本函数，$Y_{t+k|t}$ 表示 t 时期调整价格的企业在 $t+k$ 期的产出。该最优化问题的一阶条件为：

$$\sum_{k=0}^{\infty} \theta^k E_t \{ Q_{t,t+k} Y_{t+k|t} (P_t^* - \xi \Psi_{t+k|t}) \} = 0 \qquad (3.39)$$

其中，$\Psi_{t+k|t} \equiv \Psi'_{t+k|t} (Y_{t+k|t})$ 是 t 时期调整价格的企业在 $t+k$ 期的边际成本，并且 $\xi \equiv \dfrac{\varepsilon}{\varepsilon-1}$。

在零通胀稳态附近，对上式进行一阶泰勒近似并整理后可得企业重新制定的价格：

$$P_t^* = (1-\alpha \beta) \sum_{k=0}^{\infty} (\alpha \beta)^k E_t mc_{t+k} \qquad (3.40)$$

上述分析框架并没有明确引入持有货币余额的动机，不妨借鉴（Nakamura 和 Steinsson，2013），假定如下对数线性形式的真实余额需求函数：

$$m_t = y_t + p_t \qquad (3.41)$$

其中 m_t 表示对数名义总产出，y_t 表示对数真实总产出，简单假设货币当局通过改变货币供应量如下方式，满足货币需求：

$$m_t = \mu + m_{t-1} + o_t \qquad (3.42)$$

其中是白噪声。上述假设的实质，相当于在货币流通速度不变情况下，对货币供应量设定了一个简单的规则。更一般地，央行可以通过适当改变名义利率的方式来实现总产出和货币需求的目标路径。

3.3.3 均衡

产品市场的出清条件为：

$$Y_t(i) = C_t(i) \qquad (3.43)$$

对于所有的 $i \in [0, 1]$ 和所有的 t 成立。

定义总产出为：

$$Y_t \equiv \left(\int_0^1 Y_t(i)^{\frac{\varepsilon-1}{\varepsilon}} di \right)^{\frac{\varepsilon}{\varepsilon-1}} \qquad (3.44)$$

则对于所有的 t，有：

$$Y_t = C_t \qquad (3.45)$$

将产品市场出清条件与消费者的最优条件相结合，可得均衡条件：

$$y_t = w_t - p_t \qquad (3.46)$$

劳动市场出清要求

$$N_t = \int_0^1 N_t(i) di \qquad (3.47)$$

由产出函数（3.28）可知，

$$N_t = \int_0^1 \left(\frac{Y_t(i)}{A_t} \right)^{\frac{1}{1-\alpha}} \qquad (3.48)$$

根据产品出清条件和消费者需求函数（3.23），可得

$$N_t = \left(\frac{Y_t}{A_t} \right)^{\frac{1}{1-\alpha}} \left(\frac{P_t(i)}{P_t} \right)^{\frac{\varepsilon}{1-\alpha}} di \qquad (3.49)$$

上式两端取对数，得：

$$(1-\alpha) l_t = y_t - a_t + d_t \qquad (3.50)$$

其中，$d_t \equiv (1-\alpha) \log \int_0^1 \left(\frac{P_t(i)}{P_t} \right)^{\frac{\varepsilon}{1-\alpha}} di$ 度量的是价格在不同企业之间的离散程度，td 在零通胀稳态附件，在一阶近似意义上等于零。由此可得总产出、就业与技术之间的如下近似关系：

$$y_t = a_t + (1-\alpha) n_t \qquad (3.51)$$

由于企业的唯一投入要素是劳动，因此企业的边际成本等于劳动的工

资，即

$$mc_t=w_t \tag{3.52}$$

结合（3.36）式和均衡条件（3.41）式，可得：

$$m_t=w_t \tag{3.53}$$

不妨考虑名义产出的平均增长为零的特殊情况，即式（3.37）中的 $\mu=0$ 的情况，此时名义产出遵循随机游走规则，再结合（3.47）式和（3.48）式，即可得：$E_t mc_{t+k}=m_t$，对于所有的 k 成立。根据这一结果化简（3.35）式，可得：

$$P_t^*=m_t \tag{3.54}$$

结合上式与（3.31）式，可得到总体价格水平的调整规则为：

$$p_t=（1-\theta）m_t+\theta p_{t-1} \tag{3.55}$$

此方程将通货膨胀水平与滞后一期的通货膨胀水平与名义产出结合起来，类似于简化版的新凯恩斯主义的菲利普斯曲线（NKPC），这一曲线是新凯恩斯主义模型的基本组成部分之一。从而，经济体的产出动态和通胀动态方程（3.36）、（3.37）、（3.50）共同决定。这些方程构成了基本的新凯恩斯主义的非政策部分，也是最关键的组成部分。这些方程具有一个简单明了的递归结构：在给定名义产出的条件下，方程（3.50）决定了经济体的通货膨胀水平。在此过程中，由于名义产出代表了货币需求，货币冲击发生时等同于名义产出波动，进而影响经济体的总体价格水平。根据方程（3.50）的表达式，可以看出价格粘性程度（θ）决定了货币冲击发生时总体价格水平的反应程度。当给定名义产出和通胀水平时，方程（3.36）决定了经济体的实际产出水平，其中价格粘性程度（θ）同样将对实际产出产生实质影响。因此，可以得出结论，当价格具有粘性时，实际变量的均衡路径不能独立于货币政策，意味着货币政策是非中性的。

3.4　实证命题拓展

前两节通过构建具有古典主义特征和新凯恩斯主义特征的理论模型，

说明货币冲击发生时微观经济主体对总体价格水平的调整过程中所起的作用以及价格粘性对经济体实际变量的作用机理。在上述模型框架基础上进行拓展，可以提炼出若干需要从经验角度展开研究的实证命题。具体如下：

（1）价格粘性存在性研究。本章模型表明，在具有新古典主体特征的理论模型中，没有引入价格粘性假设，而是认为价格是完全灵活的，因而可以推出名义冲击只会影响价格而对数量没有影响的结论。此研究结论所蕴含的宏观经济含义和政策启示是，商品市场的自由调整会"熨平"经济波动，因此并不需要政府的调控政策。与此截然不同的是，在本章第3节所构建的具有新凯恩斯主义特征的理论模型中，认为商品市场的名义价格是缓慢调整的并明确引入价格粘性假设，从而可以推出名义冲击对实际变量有实际影响的结论。此研究结论所蕴含的宏观经济含义和政策启示是，商品市场的自发调整对经济波动的反应较为缓慢，因此政府财政或货币政策在很大程度上可以对经济周期波动起到对冲的作用。那么，一个首先要回答的问题是，经济体到底是否存在价格粘性？理论研究显然无法回答这个问题。因此，从经验角度对一个国家商品市场的价格粘性进行测度具有重要意义，能够检验宏观经济理论研究的基本假设的合理性，从而有助于分辨哪一种宏观经济理论更加适用于宏观经济分析，这是本章理论研究所蕴含的首要实证研究问题。

（2）定价模式研究。微观经济主体的价格设定行为是具有微观基础的现代货币模型的分析起点。特别是在具有新凯恩斯主义特征的宏观经济模型中，不同粘性价格生成机制所决定的总量定价模式具有不同的宏观经济影响。一般认为，根据对微观经济主体的价格设定方式的不同，总量价格定价模式主要分为时间相关定价和状态相关定价两类。

在时间相关定价模式中，假定企业改变价格的决定是外生的，独立于经济状态的改变，因此，企业的调价行为对外界因素冲击的响应速度较慢，总体价格水平的调整不够灵活，货币政策对总产出的刺激作用具有较持久的影响。在状态依赖模型中，改变价格的决定是内生的，即在每一个时刻，经济主体根据价格变动的成本和效益的评估，决定是否改变他们的价格。

在这类模型中，价格水平能够相对迅速地响应经济波动冲击，这时货币政策对总产出的刺激作用将更为短暂。显然，不同宏观经济模型采用的价格设定行为蕴含着不同的货币政策含义。

在本章第3节所构建的理论模型中，为方便起见，采用时间依赖定价规则，即 Calvo（1983）所提出的定价规则。尽管采用时间依赖定价规则和状态依赖定价规则都可以得出货币政策非中性的结论，但采用不同的定价规则所蕴含的货币政策效果不同。那么到底应该采用何种定价规则，也需要来自真实世界的经验证据。因此，本章模型中所蕴含的第二个实证问题是考察微观经济主体的价格形成机制，识别总量价格定价模式，这对于评估货币政策效果的持续性问题具有重要意义。

（3）价格粘性成因研究。价格粘性的形成机理与多种因素相关，从不同角度出发能得出不同的理论解释。这些数量众多的理论解释大致可以归为两类。一类是从特定企业自身角度解释价格粘性的原因，认为价格形成过程受到企业组织能力、库存管理、非价格竞争以及价格调整成本等方面因素影响。另一类是从企业和消费者互动的角度出发，注重消费者心理和行为对企业定价行为的影响。

在基于价格粘性假设的理论模型构建过程中，虽然明确假定价格具有粘性并设定了具体的定价规则，但几乎都没有涉及价格粘性的具体成因，也就是说，把价格粘性的具体形成原因做为黑箱。一般情况下，根据模型所要解决问题的目的进行合理的理论抽象，忽略讨论价格粘性假设背后的原因可能并不影响特定研究的结论。但当涉及到不同理论假设的争议时，则有必要回答价格粘性何以形成，如果不能回答这个问题，那么所有基于粘性价格假设的宏观模型的微观基础将受到质疑。正因为如此，众多的经济学家致力于讨论价格粘性的成因问题，并形成了不同的理论解释。

在本章的新凯恩斯主义理论模型中，主要目的是说明价格粘性假设条件下货币政策非中性的发生机理，因此仅把价格粘性假设作为既定条件，而没有讨论背后的成因。但作为理论模型的实证研究拓展，有必要从经验研究角度讨论中国商品市场价格粘性的形成原因，一方面，可以对既有的价格粘性理论进行检验，另一方面，为构建更具微观基础的宏观理论模型提供新的经验证据。

（4）开放条件下价格粘性对汇率传递的影响。在开放条件下汇率传递效应是开放宏观经济学的核心问题之一。汇率传递效应不仅影响一国的通胀动态和贸易平衡状况，而且影响货币政策和贸易政策实施效果。传统的一价定律、购买力平价等经典理论认为，汇率变动对进出口商品价格的传递效应是完全的，但众多的经验研究却发现汇率的变动并未导致价格水平的等比例变化，即所谓的汇率不完全传递现象。经验证据与理论的背离引起经济学家们的极大兴趣，涌现出一系列关于不完全传递原因的可能解释。最近兴起的一些研究重点探讨了名义价格粘性和微观价格调整频率等因素对汇率传递的影响。其中 Choudhri 和 Hakura（2006）建立新开放宏观经济模型（NOEM），引入非完全竞争、价格粘性等微观因素，对汇率不完全传递进行理论与经验分析，发现汇率传递与平均通货膨胀水平系统相关，在高通胀背景下，厂商价格的调整频率上升，汇率传递程度上升。Devereux 和 Yetman（2010）认为不完全汇率传递至少可以部分归因于名义价格的缓慢调整，而货币政策是影响厂商价格调整频率的重要因素，在宽松货币政策条件下，平均通货膨胀率和汇率波动幅度上升带动厂商调整价格的频率上升，因此汇率传递程度较高。这些研究表明微观经济主体的调价频率是宏观层面货币政策影响汇率传递的重要中间变量，货币冲击可能通过改变微观主体的定价行为来影响汇率传递。

本章模型可以视为讨论价格粘性和宏观变量之间关系的基础模型，在本章模型框架基础上进行拓展，把封闭经济假设改为开放经济假设，可以讨论开放调价下汇率冲击对总体价格水平的影响。因此，把本章的研究视野放到开放条件下，有必要从经验上研究人民币汇率对进口商品价格的传递效应，寻找汇率波动传递到进口商品价格的程度以及传递过程的速度，在此基础上，进一步探讨汇率不完全传递的影响因素。通常认为，商品市场的价格具有粘性，金融市场的价格调整较快，而汇率传递的过程涉及这两个市场的价格调整，那么根据既有的研究，商品市场的价格粘性可能对汇率的不完全传递带来了较大的影响，因此，从经验角度厘清开放条件下的汇率传递程度研究和价格粘性对汇率传递效应的影响具有重要的理论与实际意义。

3.5　小结

本章首先构建具有古典主义特征的货币经济模型，讨论不存在价格粘性和企业市场势力条件下的经济运行机制，进而放松其假设条件，构建新凯恩斯主义模型，通过对比研究，说明货币中性和货币非中性的发生机制，以及在模型中引入名义摩擦的重要意义。模型结论表明，在新凯恩斯主义模型中引起总价格水平波动及通货膨胀的机制与"古典货币经济"中运行的机制具有相当大的不同。在新凯恩斯主义特征模型中，通货膨胀是厂商有目的的价格决策加总后的结果，厂商基于当前以及预期的成本条件来进行价格调整。在"古典货币经济"模型中，通货膨胀是总价格水平改变的结果，而总价格水平的改变是在给定存在货币政策前提下，即为了支持某个独立于名义变量演化的资源配置均衡所必须存在的，至于引起这些价格水平变化的机制的设定则没有给出解释。

总体而言，本章的目的在于通过构建一个简单的理论模型，证明货币冲击发生时微观经济主体对总体价格水平的调整过程中所起的作用以及价格粘性对经济体实际变量的影响，从而为本书后续的价格粘性测度、总量定价模式、价格粘性成因、开放条件下价格粘性的影响等问题的研究奠定理论基础。在本章模型框架基础上进行深化，可以讨论其他各种冲击，比如技术冲击、需求冲击对总体价格水平的影响。因此，本章模型可以视为讨论价格粘性和宏观变量之间的关系的基础模型，通过加入不同的货币政策设定规则并运用来自真实世界的数据进行校准，即可讨论这些模型的运作过程并考察不同货币政策规则的均衡动态，进而用于货币政策及其通货膨胀、经济波动和福利含义的分析。

4 中国商品市场名义价格粘性的测度 ①

本章利用网络文本提取与挖掘技术，构建超过 15 亿条观测的产品级高频数据集，对中国商品市场 2010 年 12 月至 2013 年 2 月间名义价格粘性程度进行估算。结果表明：（1）相对于发达国家，我国的价格粘性程度处于较低水平，总体价格变化的加权中位数频率是每天 1.23%，总体价格持续时间中值为 2.7 个月，剔除促销的影响后，价格持续时间中值增加到 3.4 个月。（2）不同类别商品的价格粘性存在较强异质性，为微观粘性和宏观粘性的差异提供了可能的解释。（3）通过区分名义价格向上粘性和向下粘性，发现中国商品市场不存在向下粘性。（4）通过划分子样本分析，发现东部地区和中部地区价格粘性程度比较接近且均高于西部地区，进口品和成交量排名前 20 零售商的商品价格更为灵活。上述结论有助于评估货币政策有效性和制定更有效的货币政策，并为构建更具微观基础的宏观经济模型提供了新的经验证据。

4.1 引言

过去的几十年中，关于货币政策有效性的论争一直没有停息过。主流

---

① 本章主要内容发表于《经济研究》2013 年第 9 期。

的观点是货币政策短期有效，长期中性。短期有效论的关键假设是商品市场名义价格存在粘性，当经济体遭遇经济波动冲击后，市场不能迅速出清，因此货币当局的货币政策能够刺激商品和服务的真实产出。20 世纪 70 年代起，大量理论研究的重点聚焦于价格粘性的发生机制。其中新凯恩斯主义者提出了一系列解释价格粘性的理论，比如菜单成本论（Barro，1972；Mankiw，1985）、尾数定价理论（Kashyap，1995；Levy et al.，2011）、公平定价理论（Rotemberg，2005，2011）、信息成本论（Mankiw 和 Reis，2002）等，试图为新凯恩斯宏观经济学建立起坚实的微观基础。在当前最为强调微观基础的动态随机一般均衡模型（DSGE）中，价格粘性假设已经成为有关经济周期和货币政策分析的标准构件。一定程度上，可以说价格粘性理论不仅成为现代宏观经济理论的立论之基，还作为经济周期波动的微观基础进而决定了政府宏观经济政策的科学性。

那么，商品市场名义价格是否存在粘性？ 如果存在，其粘性程度有多大？ 由于缺乏微观层面的数据，这些问题一直没有得到很好的回答。早期的研究利用杂志或者百货价格样本对价格粘性程度进行估算，发现名义价格调整缓慢，平均每年调整一次，因此认为价格存在较强的粘性（Cecchetti，1986；Kashyap，1995；Lach 和 Tsiddon，1996）。但这些研究样本太小，包含的商品范围过于狭窄，结论不具一般性。直到 2004年，Bils 和 Klenow（2004）首次利用美国 CPI 价格数据，发现消费品价格 1995—1997 年的价格变化频率中值是 21%，名义价格平均 4.3 个月调整一次，为运用大样本数据研究价格粘性做出开创性贡献。自此之后，不同国家的研究人员利用微观数据对本国的价格粘性进行测度（Dhyne et al.，2005；Klenow 和 Willis，2007；Boivin et al.，2007；Nakamura 和 Steinsson，2008；Klenow 和 Kryvtsov，2008；Gagnon，2009；Ozmen 和 Sevinc，2011；Abe 和 Tonogi，2011；Cavallo，2010，2012），为构建符合本国经济实际的宏观经济模型提供了微观证据。但遗憾的是，到目前为止，还没有基于大样本微观数据的经验研究对中国商品市场名义价格粘性进行测度。

现有的相关研究中，渠慎宁等（2012）是国内最早利用微观数据进行价格粘性相关问题研究的开拓者，他们利用国家发改委价格监测中心收集的 116 种商品和服务的微观价格数据，首次对居民消费价格的波动和定价模式进行了经验研究，为厂商行为与市场化程度分析提供了较为深刻的洞见。但该文的研究样本较小，可能会影响研究结论的一般性。与本书主题相关的另一项研究来自蔡晓陈（2012），该研究以隐含的季度 GDP 缩减指数作为价格指数度量指标估计了 1992—2012 年的中国价格粘性程度，发现价格平均持续时间为 3.4 ～ 8.1 个月。但由于宏观数据的一些固有缺陷，比如在指数生成过程中会损失许多有用信息，通常会导致估计结果有较大偏差，因此，近年来鲜有文献采用宏观数据进行价格粘性的测度。

与既有研究不同，本章介绍了一种新的数据来源，利用网络文本挖掘技术，收集了从 2010 年 10 月至 2013 年 2 月间的来自互联网 350 万种商品的连续价格数据，构建超过 15 亿条观测的产品层面微观数据库，首次利用大样本产品级价格数据对中国商品市场名义价格粘性进行测度，并讨论价格粘性程度对我国货币政策的含义。

本章数据的获取过程为，利用网络爬虫软件（Web Crawler）扫描购物搜索引擎网站底层代码，发现并提取商品价格等相关信息，最后在本地服务器完成数据清洗和模式识别。使用这种方法，我们从 2010 年 10 月开始按日度频率从互联网收集在线商品的价格数据，构建产品层面高频数据库以完成基于大样本微观数据的价格粘性研究。本章的主要研究结论可以概括为以下几个方面。

首先，发现总体价格变化的加权中位数频率是每天 1.23%，价格周期为 81 天。意味着每天有 1.23% 的商品价格发生改变，所有商品价格完成一轮调整的时间间隔约为 2.7 个月。剔除促销价格后，加权中位数频率是每天 0.97%，所有商品价格完成一轮调整的时间上升为 3.4 个月。相对于发达国家，我国价格粘性程度处于较低的水平，具有较为灵活的自我调节特征。

第二，不同类别商品的价格粘性存在异质性。[①]与总体价格水平相比，衣着、家庭、通信、烟酒类商品显示出更频繁的价格变化，而食品、教育、医疗、居住类商品的价格变化相对比较缓慢。衣着类价格变化最为灵活，每天约2%的衣着类商品发生价格变化，意味着完成一轮价格调整的时间为48天。价格粘性程度最高的是居住类商品，每天有0.68%的商品发生价格调整，价格周期为145天，价格最为灵活的衣着类是居住类价格频率的3倍。在CPI权重最大的食品类中，鲜菜和鲜瓜果的价格最为灵活，远低于粮食的粘性程度。

第三，区分了价格向上粘性和向下粘性，发现中国商品市场不存在向下粘性。通过划分子样本进一步分析，发现东部地区和中部地区价格粘性程度比较接近，均高于西部地区，意味着西部地区的价格更为灵活。进口品和非进口品的调价频率差异不大，相对而言，进口品的价格更为灵活。同类商品中成交量排名前20零售商（TOP 20）的商品调价更为频繁，在包含促销情形下，是非TOP 20商品调价频率的1.43倍。

本章的主要贡献是利用新的数据来源，构建大样本产品层面微观数据库，以此为基础完成中国商品市场名义价格粘性的测度。本章的研究结论有助于评估货币政策有效性和制定更有效的货币政策，并为今后构建更具微观基础的宏观经济模型提供了较为准确的经验研究证据。

4.2 数据来源、获取方法与适当性说明

4.2.1 数据来源

近年来，我国电子商务市场高速稳定增长，网络购物环境日趋完善与成熟，网购已融入人们的生活，对经济社会生活的影响不断增大，正成为

---

① 中国CPI分类体系包括262个基本分类和8个大分类。这8个大类分别是食品、烟酒及用品、衣着、家庭设备用品及服务、医疗保健及个人用品、交通和通信、娱乐教育文化用品及服务、居住，为行文方便，简记为食品、烟酒、衣着、家庭、医疗、交通、教育和居住。

我国经济发展的新引擎。根据中国电子商务研究中心发布的《2012年度中国网络零售市场数据监测报告》，我国电子商务2007年至2010年的增长速度均超过30%，2012年更是达到了64.7%的增速。截止到2012年12月，网络零售市场交易规模达13205亿元，中国网络零售市场交易规模占到社会消费品零售总额的6.3%。在网络产品种类方面，我国已不局限于3C产品、图书等标准化产品类，而扩展到服装鞋帽、化妆品、食品、家用电器、家居百货、文体用品、珠宝配饰、母婴产品、医药、家装材料等，线上零售与线下零售的差异正在缩小，甚至许多家庭生活服务、政务服务等都能在线上购买。

网络零售商为出售商品或吸引潜在客户，在网络上详细公布了商品名称、价格、规格、销量、促销打折等信息，这些数据非常适合微观层面的经济学研究。但互联网数据具有实时更新、信息分散的特点，数据收集存在不小难度，因此，这些数据一直没有得到很好的开发利用。直到最近，购物搜索引擎以及网络数据提取与挖掘技术日益成熟，利用互联网数据进行经济学研究开始蓬勃发展，互联网成为经济学家们的重要数据来源。[①]在此背景下，我们从2010年开始从互联网收集海量价格数据，建立了大样本高频数据集，以期进行有关研究。

本章的数据来源于全球最大的中文购物搜索引擎"一淘商品搜索"。[②]购物搜索可以为消费者提供在线零售网站的商品价格、网站信誉、购物方便性等方面的资料。从购物搜索引擎获得的结果比通用搜索引擎获得的信

---

① 事实上，当今世界的数字化已将人类社会变成了一个巨大的实验室。人类在这个实验中留下的"电子脚印"，合成了史无前例的海量数据集，使得科学家们得以在强大的计算机和新技术支持下，利用大数据（Big Data）对相关领域问题进行仔细研究。经济学领域研究人员也在充分利用网络数据的"好处"，基于大样本网络数据的研究成果发表在《Nature》《Science》等自然科学顶级刊物，进一步推动了经济学的科学化进程。有关这方面的研究，Edelman（2012）提供了一篇较全面的综述。

② "一淘"有三个数据来源：互联网、外部合作方和淘宝/天猫主站，收录了国内大多数主流的B2C网站以及知名品牌商B2C网站的海量数据，包括天猫平台上各大品牌旗舰店、卓越亚马逊、京东、国美、苏宁、当当、一号店、凡客诚品等著名独立网站或综合购物平台的数据，是国内最早的购物搜索引擎。

息更加集中，信息也更全面，是获取网络价格的最方便途径，许多研究通过购物搜索网站等获取网络价格数据，比如 Levy et al.（2011）等。我们利用网络文本提取软件，扫描"一淘"购物搜索引擎公共网页代码，定位并抽取网络商品的有关信息，经过清洗和模式识别后用于进一步分析。

4.2.2 数据获取方法

获取并处理网络数据的具体步骤如下：

首先，在每天的固定时间，利用软件自动扫描定义好的目标页面，分析目标页面源代码，识别并抽取目标信息（如品名、价格、销量、评价、商品 ID、商品分类等），以可扩展标记语言（Extensible Markup Language，XML）文件格式保存到本地工作站。[①]

其次，对 XML 文件进行"清洗"。所谓"清洗"，是指去除 XML 文件中的标签等无用信息。例如价格信息包含在自定义的两个"Price"标签之间，可以根据这两个标签进行定位，提取标签之间的内容，得到所需要的纯文本信息。我们用 C# 语言编写数据清洗程序，对 XML 文件中的有效文本信息进行抽取，将清洗完成的数据保存为逗号分隔符（Comma Separated Value，CSV）文件格式。

最后，对文本进行模式识别，得到需要的最终信息。模式识别和数据清洗所用的方法类似，都需要对文本进行模式匹配，区别在于，数据清洗是删除符合特定模式的文本，而模式识别是找出符合特定模式的文本。模式识别的过程较为复杂，需要通过正则表达式来精确定义具体识别规则，比如要从某个变量中把商品分类 ID 提取出来，首先通过大量观察，可以发现分类 ID 包含在字符串"&cat=50038116&"中，然后就可以把这种带

---

① 具体而言，本书运用网络文本提取软件 GooSeeker（也称为机器人软件）对一淘网的数据进行全网抓取。具体的抓取过程为：首先，利用机器人软件扫描一淘网的导航页面，将导航页面所有商品分类的地址提取下来作为一级线索。其次，机器人软件根据一级线索的地址进入不同类别商品页面，根据定义好的规则提取商品页面的具体信息，直到所有的一级线索的地址和所有的商品页面都"抓"过一遍则当天的提取任务结束。最后，通过编写配置文件，命令机器人在固定的时间间隔后自动启动抓取动作。

有规律性的表达方式转化为正则表达式并与该变量进行匹配，如果发现变量中的字符串符合"&cat=XXX&"模式，则将其中的"XXX"字符串提取出来。因此主要思路就是针对不同变量找出符合特定模式的文本。除此以外，还要考虑匹配规则的稳健性，当匹配过程中没有发现符合匹配规则的字符串，则要将该变量内容输出到计算机屏幕供检查，如果发现有不同的字符串表达规律，则要设计新的匹配规则并加入到匹配规则选项中，直到所有的匹配模式都包含在选项中为止。最后，将每天"抓取"的数据进行清洗和模式识别后添加到本地数据库中，形成可供进一步处理的基础数据库。[①]

4.2.3　数据适当性说明

本书通过收集整理海量的互联网交易数据，进行中国商品市场名义价格粘性的研究。考虑到互联网交易数据是一种新型数据，有必要说明这种数据来源的合理性，以及运用互联网数据研究本章主题的适当性。首先，网络商品市场与传统商品市场并无本质区别，两者之间的差异主要是商品交易渠道的不同。随着网络购物的发展，传统零售企业加大了对网上销售的投入，通过自建平台或入驻"天猫商城"等大型网络平台，开拓网络零售"线上"渠道，争取网络购物客源，网络市场不过是实体市场的延伸。如今的 eBay、亚马逊、淘宝和天猫网等巨型网络零售平台在信息时代扮演的角色，无异于工业时代的沃尔玛或西尔斯，正在快速成为不可或缺的零售基础设施。同时，传统零售巨头国外如沃尔玛（全球最大的线下零售集团，近年积极转型，进行全球电商布局，已经是全美国仅次于亚马逊的第二大在线零售商，2012 年初通过收购 1 号店完成中国电商布局），国内如国美、苏宁等全力开拓线上渠道，表明线上渠道与线下渠道正实现深度融合。因此，互联网本质上是一个庞大的分布式价格数据库，其所装载的正是来自传统零售市场的巨大信息，把传统商品市场的数据信息实现了电子化，为

---

① 获取并处理数据的详细过程见本书附录。

我们提供了新的数据来源。

其次，网络零售商的类型包括综合商场、百货商店、垂直商店、复合品牌店，以及天猫平台上为数众多的中小型零售商等多种类型，定价主体是来自多种零售业态的各种类型的企业，与传统的商业形态非常类似。在信息时代，利用计算机技术，从互联网收集价格信息和统计局派调查员去现场收集信息并无本质区别，却能够以较低的成本，每天生成具有普查性质的所有商品和服务的价格信息。目前，斯隆管理学院的 Rigobon 和 Cavallo 两位教授正在主持一项名为"百万价格工程"（Billion Prices Project）的研究计划，通过搜集互联网上不同国家各种零售商品的价格数据，开展了一系列具有创新性的研究。在应用层面，他们编制了各国的"在线价格指数"，通过对比在线价格指数和官方 CPI 发现，在线价格指数与官方发布的 CPI 高度契合。在线价格指数的最大特点是具有实时性，比如在次贷危机爆发的第二天，在线价格指数就反映出价格下跌趋势，而官方指数一个月之后才能显示出这些信息；在普遍认为统计"注水"严重的阿根廷，在线价格指数系统性地大幅高出官方发布的通货膨胀率，被认为更真实地反映了阿根廷的价格水平。另外，传统经济统计的思想是以样本表征总体，可能出现较大偏差。在信息时代，随着大数据技术的成熟，"样本即总体"将成为趋势，抽样变得越来越不重要。大数据时代的经济信息统计包含的样本量大，甚至可以覆盖全部总体，从而可以从中获得高精度的信息。正是考虑到互联网数据的高频、大样本等优良性质以及较低的收集数据成本，BLS 正在对使用了一百多年的统计调查方法进行改进，未来将引入互联网调查方法，从而可能大大提高信息收集的效率，并开发实时发布的 CPI 指数，以便告诉人们今天发生了什么，而不是一个月后告诉人们今天发生了什么。

再次，在网络产品种类方面，早期阶段的网络商品的确是以 3C 产品、图书等标准化产品类为主，但随着当当、京东等第一代垂直电商向全品类电商平台转变，以及传统企业纷纷加入网络渠道，现在的商品种类已经扩展到服装鞋帽、化妆品、食品、家用电器、家居百货、文体用品、珠宝配饰、母婴产品、医药、家装材料等，许多家庭生活服务、政务服务、酒店、机票等也都能在网上购买。实际上，在统计过程中发现，网络上存在的商品种类之丰富远超我们的想象，许多生活中较为常用的品类由于没有纳入国家统计局的分类表而不得不剔除。就最终的商品种类覆盖率而言，我们收集的数据能覆盖 CPI 篮子的 66.7%，在既有研究中具有较高的覆盖比例。比如本书所引用的文献中，Cavallo（2010，2012）对拉美四国的研究数据平均约 40% 的覆盖率，来自超市扫描数据的商品覆盖率更低（Campbell 和 Eden，2010；Abe 和 Tonogi，2011），即便是基于美国 BLS 的数据也只有 70% 的覆盖率（Nakamura 和 Steinsson，2008；Klenow 和 Kryvtsov，2008）。此外，有证据表明，"在线"商品价格的行为，在价格变化的时机和规模方面都类似于"离线"价格行为。

当然，互联网数据也存在一些缺陷，比如网络交易成本与电子服务、物流等高度相关，因而其消费存在人口、地域差异等问题。但这并不意味着数据没有代表性，因为电子商务最为发达的地区，往往是整个经济体中经济最活跃的地区，消费群体也是最活跃的消费群体，因此基本能够反映经济体的主流行为。本领域的既有研究中，渠慎宁等（2012）的文章用来自 36 个大中型城市的 116 种商品价格数据作为观测样本，考察中国商品市场居民消费价格波动、价格粘性及定价模式。Klenow 和 Kryvtsov（2008）也主要以三个大城市（纽约、洛杉矶、芝加哥）的数据作为观测样本，扫描数据则基本是以城市中的连锁超市数据为样本。在其他领域的许多研究中，比如公司金融领域，常常使用上市公司的样本来研究宏观经济政策对全体微观主体的影响，也是利用代表性样本来代表整体。至于互联网零售占总体消费额的比重较小问题，我们认为，虽然互联网交易在只占商品零售交易总额的较小部分，但从绝对量上看，互联网零售交易总量已达到超万亿的规模，可以说是具有举足轻重的地位。而且网络商品市场与传统商品市场主要是商品交易渠道的不同，就本书而言，把互联网看成是获取企业报价的窗口，来自互联网的信息本质上是商品市场价格信息的映射，若互联网的商品覆盖 CPI 的比例较高，基本能够达到研究目的。

最后，对于经济领域研究者而言，信息时代的来临和电子商务时代的来临，使得研究者能够在一定技术力量的支撑下，做到以前只有政府投入巨大成本才可以做到的事情——收集全国范围内的数据，这也许是技术进步带来的最大好处。作为双边市场的电子商务平台以及第三方网络平台，拥有供需双方所有的互动数据，因而掌握了独特的最真实的全方位市场信息。对本书研究目的而言，我们当然希望能够获得国家提供的权威数据，但在目前条件下，恐怕还很难实现。因此，我们认为，网络数据可能不是最好的选择，但就目前而言也不失为次优选择。综上所述，我们认为来自网络的商品价格数据基本能够反映中国商品市场的价格行为。

4.3 数据描述与数据处理

4.3.1 数据描述

本章使用的数据集涵盖每天采集的来自"一淘网"的 355 万商品和服务的品名、价格、规格、销量、买家评价等信息，时间跨度从 2010 年 12 月至 2013 年 2 月，共有 806 天 15.25 亿条观测。按照提取的产品信息中包含的分类信息进行统计，所有网络商品和服务的种类共有 913 类。①为便于进一步分析，基于国家统计局《2010 年统计报表制度》的分类标准，把网络分类与国家标准的基本分类进行手工匹配。匹配后共有 175 个基本分类，相当于覆盖了 CPI 篮子的 66.79%。最后把 175 个基本分类划分为 8 个大类。这 8 个大类商品数量占全部商品数量的比例略有差异，其中食品（8.70%）、衣着（24.46%）、家庭（17.93%）、医疗（23.84%）、

---

① 产品的网络分类比国家统计局的分类更细，比如女鞋的网络分类有单鞋、靴子、休闲鞋、高跟鞋等四类，我们按统计局的标准将这四类匹配为女鞋。此外，有些商品类别在统计局的 CPI 分类标准中无对应项目，如办公用品，则这些商品类别在匹配的过程中予以剔除。

教育（15.37%）类商品占比较高，交通（3.96%）、烟酒（2.63%）、居住（3.33%）类商品占比较低。[①]但从绝对数量看，每个类别都包含众多的商品数量，即便是商品数量较少的居住、烟酒和交通类也至少有超过九万种商品，能够保证每类商品都有足够多的观测样本。表4-1描述了数据集的基本情况。

表4-1　原始数据集描述

总观测样本	15.25 亿
产品数量	355 万
起始日期	2010 年 12 月 6 日
终止日期	2013 年 2 月 17 日
单个商品平均存续期（天）	436
产品种类（网络分类）	913 类
产品种类（国家标准分类）	175 类
产品信息	品名、品牌、产品 ID、卖价、促销价、历史价格记录、运费、销量、同类产品零售商销量排名（TOP20）、买家评价、产品分类、产品分类 ID、相关商品数量、相同商品卖家数量、与产品相关的资讯数量等
零售商信息	零售商名称、零售商 ID、零售商所在地等

注：此处描述的数据集是我们构建的数据库的一部分。目前中国基于微观数据的通货膨胀、货币政策及汇率等方面的研究极为少见，为我们深入理解有关宏观经济问题带来不少障碍，其中最主要的原因之一是缺乏微观层面的数据。本研究力图做出一些尝试，通过广泛收集来自互联网的价格数据，构建在线商品微观价格数据库。除本书提到的数据外，数据库还包括中间产品、工业品、原材料等上游产品的国内外价格数据以及更为具体的交易数据等。本数据库的建立可为诸多研究打下基础，未来我们将把数据库标准化并予以公开，以方便更多的研究。

4.3.2　数据预处理

在展开正式研究之前，参照文献中的标准方法进行初步的数据处理。

4.3.2.1 缺失值处理

本章数据集是对产品价格等信息的连续观测，但由于网络不稳定或者抓取软件本身的原因，会导致价格序列某些时点或时间段存在信息缺失。

---

① 括号中的数字是该类商品数量占总体商品数量的比例。

我们用缺失前一天的价格记录补齐，直到新的价格信息出现（Klenow 和 Kryvtsov，2008；Gopinath 和 Rigobon，2008）。鉴于数据的高频性质，这种处理不会影响结果。①

4.3.2.2 异常值处理

按照文献的通常处理，剔除价格序列中 1% 分位数和 99% 分位数以外的数据。同时，借鉴 Cavallo（2010）的处理，将价格上涨超过 500% 或者价格下降超过 90% 的值定义为异常值，称其为"大起大落"型异常值。我们还发现一些价格变化呈现异常频繁的"小起小落"特征，即在非常短的时期，商品价格频繁进行微小调整。这可能是零售商为提高商品排名采取的某种"手段"，属于非正常的价格调整。②因此，将价格调整比例小于 1% 且该价格持续时间小于 2 天的观测值定义为"小起小落"型异常值。尽管两类异常值的比例很小，仅约占价格变化观测的 2%，但他们可能对价格变化频率和幅度等统计数据产生显著影响，因此予以剔除。③

4.3.2.3 样本期处理

由于产品下架或推出新品，会导致数据集内各样本的观测天数不同，这种观测数据称为截断数据。存在截断数据是价格粘性研究数据集的一大特征。在传统的统计方法中，当产品下架或者脱销时，会用一个类似商品进行替代，但替代品的价格往往和被替代品不相等，因此这种替代

---

① 现有研究所用的数据集，都存在不同程度的缺失率，比如 Klenow 和 Kryvtsov（2008）使用的美国 CPI 数据存在 12% 的缺失率，相比而言，本数据集的缺失率不到 3%，处于较低的水平。在我们提取的原始 XML 文件中，既有当天的价格信息，也有价格的历史信息，记录该商品价格过去一段时间发生的价格变化情况。我们在数据清洗过程中，专门建立了商品历史价格信息数据库，以商品 ID 作为主键和主数据库进行匹配，匹配完成后再进行插值，可以确保价格数据的损失达到最小。

② 对于网络购物平台上的零售商而言，网店在网络平台的排名至关重要。排名比较靠前就意味着能得到更多人的浏览，从而带来更高的销量。在这种情况，零售商有非常强的激励利用各种"办法"提高自己的排名。其中之一就是频繁微调商品的价格信息。目前各大购物平台对这种故意调价行为处罚非常严厉，调价行为渐趋规范。但这种价格调整行为并没有完全杜绝，因此有必要加以识别并处理。

③ 我们在后文的估算中把含有此 2% 数据的也进行了估算，发现结果并无显著变化。

会导致人为的价格变化，引起测量误差。我们根据观测样本首次出现的日期和最后一次出现的日期来计算每个样本的样本期长度，避免样本替代问题。[①] 同时，为保证样本的观测时期足够长，剔除样本期小于 180 天的观测。

4.3.2.4 剔除 C2C 数据

我们获取的数据当中，分为个人对个人（Customer-to-Customer, C2C）数据和商家对顾客（Business-to-Customer, B2C）数据，其中"淘宝网"的数据属于 C2C 数据，其他皆为 B2C 数据。B2C 即企业通过互联网为消费者提供的购物环境（网上商店），其类型包括综合商场、百货商店、垂直商店、复合品牌店等多种类型，与传统的商业形态非常类似，定价主体是各种类型的企业，符合我们的研究要求。C2C 是个人与个人之间的电子商务，定价主体是个人，且在目前的电子商务环境下，C2C 的经营还存在一些不规范的地方，价格数据噪音比较大，因此将来自"淘宝网"的数据予以剔除。

4.3.2.5 识别促销价格

网络销售的特点是存在大量的促销行为，需要仔细识别并处理。促销价格变化对总体价格水平的影响远小于同等程度的正常价格变化（Kehoe 和 Midrigan，2007），经验研究结果表明，包含促销和剔除促销的粘性程度相差约两倍（Nakamura 和 Steinsson，2008），因此有必要区分促销和非促销价格变化。根据 Nakamura 和 Steinsson（2008）的研究，与正常的价格变化相比，促销型价格变化具有显著不同的特征，一是与促销有关的价格变化是高度瞬态的，二是大多数情况下，促销结束后产品的价格会恢复到之前的价格，即价格变化呈现出非常明显的"V型"模式（如图 4-1）。因此，可由降价持续时间（即所谓的时间窗口）和 V 型特征来识别促销价格。根据多数文献观点，我们将降价持续时间

---

① 由于观测样本存在截断，我们在补齐缺失值的算法中以最后一次出现的观测作为补齐动作的"终点"，防止最后一次观测以后还继续补齐，这将人为增加样本期长度。

小于 15 天且具有 V 型特征的价格变化定义为促销。①借鉴 Nakamura 和 Steinsson（2008）的算法，设计促销过滤器（Sales Filter），根据前述定义来判断一个价格变化是否属于促销，如果是，则用促销前一天的正常价格代替打折期间的促销价格，最后形成不包含促销价格的价格序列，称为常规价格序列（Regular Price Series）。作为一个直观的例子，对图 4-1 中的价格序列进行过滤，结果如图 4-2。促销过滤器主要缺点在于无法识别清仓价格，清仓价格是商品停止销售前的价格。清仓价格的变化规律是发生连续多次的价格下降后，保持在一个非常低的价位直到商品最终下架，因此促销过滤器很难识别该价格变化。除此以外，促销过滤器可以很明确地区分自然的价格调整和 V 型促销价格变化。

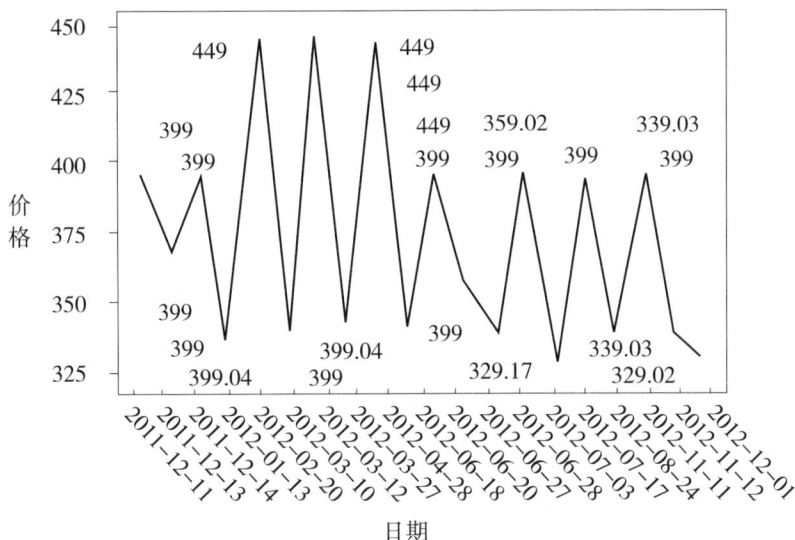

图 4-1　过滤前的价格序列

①　降价持续时间就是所谓的时间窗口。一个很自然的问题是，时间窗口设为多少最优？如果时间窗口过长，促销过滤器会将正常的价格调整识别为促销。如果时间窗口过短，又会遗漏促销价格。基于高频数据，我们可以很方便地设计不同的时间窗口并测试过滤效果，从而判断合适的时间窗口。我们测试了四种时间窗口：7 天、15 天、30 天、60 天。以 7 天时间窗口为基准，当时间窗口设为 15 天、30 天、60 天时，过滤的促销价格增加的比例为 50%、20%、10%，说明当时间窗口加长时，过滤的促销价格并没有成比例增加。另一方面，我们发现时间窗口设为 15 天过滤的 V 型价格变化占所有 V 型变化的 75%，因此，时间窗口设为 15 天能够过滤大部分的 V 型价格变化。

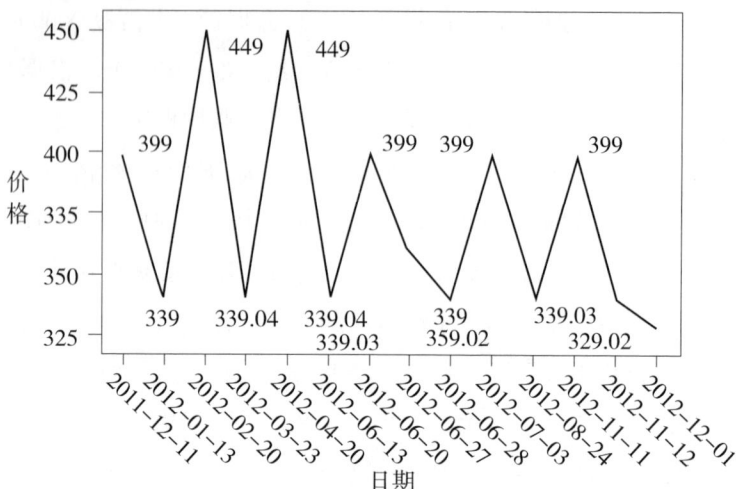

图 4-2　过滤后的价格序列

4.4　价格粘性测度方法

4.4.1　频率法

我们通过估计价格变化的频率来衡量价格粘性的程度。这种方法是价格粘性经验研究普遍采用的标准方法（Bils 和 Klenow，2004；Nakamura 和 Steinsson，2008；Gopinath 和 Rigobon，2008；Klenow 和 Kryvtsov，2008；Gagnon，2009；Ozmen 和 Sevinc，2011；Cavallo，2012）。我们主要借鉴 Gopinath & Rigobon（2008）的方法（简称为 GR 法），具体计算过程如下：首先，对每个商品 i，计算在样本期内价格发生变化的频率 F_i，公式为：$F_i =$ 价格变化次数 / 样本期长度。其次，数据集的产品按照网络分类共有 913 类，计算每个分类的调价频率中位数。再次，按照国家统计局的分类标准，把 913 个网络分类与国家统计局的基本分类进行匹配，得到 175 个基本分类，然后计算每个基本分类的调价频率中位数。最后，把 175 个基本分类分为 8 大类，计算 8 大类的调价频率中位数并进行加权平均，得到总价格频率。其中，八大类在总体 CPI 中所占的权重数据来源于何新华

（2010）。① 在大样本条件下，价格变化的频率反映定价主体在给定时期改变价格的概率，为衡量商品价格粘性提供了一个有效的指标。

4.4.2　周期法

此外，Bils 和 Klenow（2004）采用了一种略为不同的方法计算价格粘性（简称为 BK 法），早期的文献大多采用类似的方法。这种方法先计算每个商品分类的价格调整频率均值，然后根据商品分类的权重进行加权平均，得到总价格频率。由于价格频率呈正偏态分布（Right Skewed Distributions），具有长右尾特征，平均频率大于中位数频率，因此 BK 方法会导致更高的调价频率。BK 法和 GR 法在文献中都有广泛运用，相比而言，BK 法容易受少数极端值的影响，因此，最近的文献多采用 GR 法估计价格频率。我们采用 GR 法估算价格粘性程度，但作为比较，也将报告 BK 法的计算结果。由于国家统计局没有公开基本分类的 CPI 支出权重，所以使用 BK 法时分别按照网络分类、基本分类和大分类计算价格调整频率均值，然后对 8 大分类的结果进行加权平均得到总价格粘性。除了价格频率，我们还计算了价格频率暗含的价格变化周期（Implied Duration）。价格变化周期是商品价格完成一轮调整需要的时间，提供了一种更直观的方式来衡量价格粘性程度。记价格周期为 D，价格频率为 F，价格周期的计算公式为：$D=-1/\ln（1-F）$。② 从公式可以看出，价格频率越低，则价格周期时间越长，意味着价格粘性程度更强。

---

① 目前我国的 CPI 基本分类和大分类的支出权重并未公开，但学术界对 8 大分类的权重进行了估算（贺力平、樊纲、胡嘉妮，2008），何新华（2010）详细讨论了 CPI 权重计算的相关问题，并计算了 2006—2010 年的权重。由于本章的样本期为 2010—2013 年，我们引用何新华（2010）估算的 2010 年的权重结果作为本章样本期内的大分类权重。

② 该公式为文献中通用的公式（Nakamura 和 Steinsson，2008）。推导过程为：假定价格周期的持续时间服从指数分布，价格变化的风险率（Hazard Rate）在样本期内为常数 λ，则价格变化的频率为，这意味着 $\lambda =-\ln（1-f）$，根据价格周期的定义 $d=1/\lambda$，因此有 $d=-1/\ln（1-f）$。价格周期计算公式隐含了一个较强的假定，即价格变化的风险率（Hazard Rate）为常数 λ，也就是说，价格变化的概率独立于调价行为发生后间隔的时间，调价的概率并不会随着上次调价时间的推移发生变化。

4.5 价格粘性的估算结果

4.5.1 价格变化统计描述

由于价格粘性的测度主要是考察价格变化频率，我们首先从总体上对价格变化情况进行简单统计性描述。表4-2报告价格变化描述性统计结果。包含促销时，84%的产品在样本期内改变价格一次以上，其中调价2次以上的商品比率为67%。剔除促销对价格调整次数影响较大，调价2次以上的商品比例下降6个百分点，无价格变化和调价1次的商品比例则分别上升2个百分点和4个百分点。包含促销情形下，单个商品年均调价5.7次，剔除促销后下降为3.5次，这意味着促销对价格粘性的估算影响较大。值得注意的是，价格下调占总价格变化的比例为53.1%，剔除销售后降价的比例仍略大于涨价比例，表明价格调整行为总体是以降价为主。

表4-2 价格变化统计描述

	包含促销	剔除促销
无价格变化的商品比率	16%	18%
调价1次的商品比率	17%	21%
调价2次以上的商品比率	67%	61%
单个商品调价次数（均值）	5.7	3.5
价格上调比率	46.9%	48.1%
价格下调比率	53.1%	51.9%

最近几年，中国的网络购物呈现爆发式增长，在此过程中的重要特征之一是网络零售商经常进行大规模的促销活动，比如2012年最为著名的"八月电商价格战"和"双十一购物节"。图4-3左图报告了2012年5月1日至2012年12月30日期间每天发生价格变化的商品数量，可以直观看出，价格变化数量的波动很大。其中，波动峰度较高的两个时期，分别代表"八月电商价格战"和"双十一购物节"的时期。在图4-3右图中，剔除促销后的波动明显变得平滑，特别是"八月电商价格战"和"双十一购物节"时期的峰度明显下降。图形对比结果直观说明了促销对价格调整带来的影响。在下面几节中，将对包含促销和剔除促销两种情形下的价格粘性进行

估算。

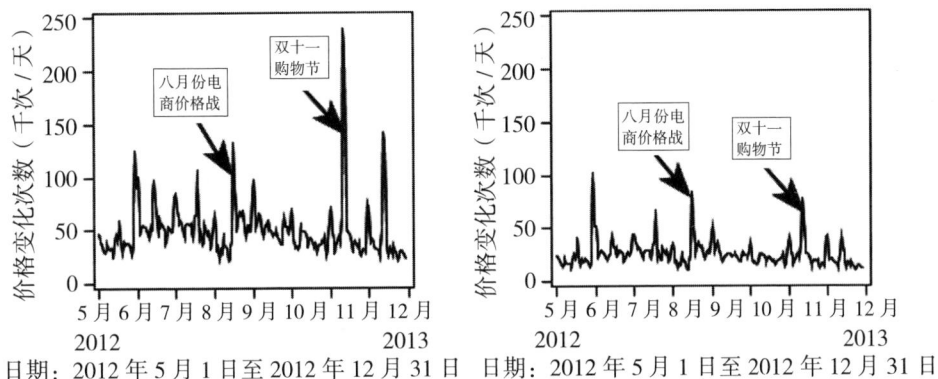

日期：2012 年 5 月 1 日至 2012 年 12 月 31 日　日期：2012 年 5 月 1 日至 2012 年 12 月 31 日

图 4-3　剔除促销前后价格发生变化的商品数量

4.5.2　价格粘性测度结果

价格变化频率与周期的最终估计结果见表 4-3。第一行是加权后的总体估计结果。在包含促销情形下，GR 法估计的加权中位数频率是每天 1.23%，意味着价格每天发生变化的商品比例为 1.23%，在大样本条件下可以作为价格变化的概率，是衡量价格粘性的最主要参数。根据价格周期计算公式，价格频率隐含的价格周期为 81 天，意味着全部商品价格完成一轮调整的时间为 81 天。剔除促销后，总体价格水平的 GR 法频率从 1.23% 降至 0.97%，隐含的价格周期从 81 天上升到 103 天，上升幅度为 27%，这表明，促销对粘性程度的估计影响较大。BK 法的结果也说明了这一点，剔除促销前后，BK 法频率从 2.01% 降至 1.41%，隐含的价格周期从 49 天上升到 70 天，上升了 42%。最终，综合考虑估计方法和促销等问题的因素，我们认为以剔除促销的 GR 法估计结果作为中国商品市场名义价格粘性的衡量指标较为合理，即中国商品市场每天调整价格的商品比例为 0.94%，所有商品价格完成一轮调整的时间是 105 天。

表 4-3 接下来几行是 CPI 八个主要类别的价格变动频率和价格周期。在包含促销情形下，从 GR 法中位数频率结果来看，衣着类价格变化最为灵活，每天约有 2.06% 的衣着类商品发生价格变化，意味着价格周期为 48

天。价格粘性程度最高的是居住类商品，每天仅 0.68% 的商品发生价格调整，价格周期为 145 天。八大类商品价格粘性程度从低到高的排序为：衣着、家庭、交通、烟酒、食品、教育、医疗、居住。在剔除促销情形下，估计结果表现出基本相同的规律。

八大类商品价格行为具有较强的异质性。这体现在两个方面，一是八大类商品价格粘性程度具有异质性，与总体价格水平相比，衣着、家庭、交通、烟酒显示出更频繁的价格变化，食品、教育、医疗、居住的价格变化相对比较缓慢。极端情况下，价格最为灵活的衣着类价格变化频率是最具粘性的居住类的 3 倍。另一方面，促销对不同类别商品的影响具有异质性。通过对比促销前后商品价格变化频率的变化情况，可以看出哪一类商品受到促销的影响更大。对比 BK 法的计算结果表明，促销对衣着类的影响最大（利用 GR 法的结果也可以得出同样的结论）。剔除促销后，衣着类商品价格变化频率从 2.87% 下降到 1.87%，价格周期则从 34 天上升到 52 天，上升幅度为 60%，在所有类别中具有最高的上升幅度，说明衣着类商品最乐于促销，相对而言，教育和居住类商品受促销的影响较小，这与我们生活中的直觉相符。

考虑到食品在 CPI 分类体系中占有最大的权重，我们借鉴国家统计局的方式，在表 4-3 报告了六种食品次分类的估计结果。根据 GR 法估计结果，包含促销情况下，价格最灵活的是鲜菜，价格粘性程度从低到高排序为：鲜菜、肉禽、水产品、蛋、鲜瓜果、粮食。剔除促销后价格最灵活的是鲜瓜果，价格粘性程度从低到高排序为：鲜瓜果、鲜菜、蛋、水产品、肉禽、粮食。总体而言，在六类食品中，粮食价格粘性程度最高，不同情形下的频率估算结果都高于其他五类商品的变化频率。对此现象的可能解释是，国家近年建立了粮食储备体系，利用粮食库存来调剂粮食供应，因此粮食价格的波动得到了较好的控制。

在本书附录表 1 报告了 175 个基本分类的价格变化频率和价格周期。可以发现不同种类商品的价格灵活程度差异很大。有些商品的价格很少变化，例如工具书、杂志、抗菌素、板材等，价格变化频率小于 0.5%。另一些价格变化非常频繁，例如数码产品、移动电话、服装等，价格变化频率均超过 2%。增加值较小的最终产品，比如食用油和新鲜食品等，也显示出较为频繁的价格变化。

表 4-3　价格粘性估算结果：频率与周期

分组	权重	包含促销				剔除促销			
		GR 法		BK 法		GR 法		BK 法	
		频率（%）	周期（天）	频率（%）	周期（天）	频率（%）	周期（天）	频率（%）	周期（天）
总体	100	1.23	81	2.01	49	0.97	103	1.41	70
食品	35.8	1.16	85	1.88	52	0.88	112	1.33	74
粮食		0.99	99	1.61	61	0.80	123	1.22	81
肉禽		1.36	73	2.19	45	0.91	110	1.35	74
蛋		1.27	78	1.96	50	1.01	99	1.39	71
水产品		1.33	75	1.86	53	0.94	105	1.37	72
鲜菜		1.49	67	2.29	43	1.01	99	1.47	67
鲜瓜果		1.23	81	1.96	51	1.03	96	1.49	66
烟酒	1.8	1.35	73	2.23	44	0.96	103	1.53	64
衣着	9.5	2.06	48	2.87	33	1.37	72	1.87	53
家庭	6.3	1.48	66	2.55	39	1.15	86	1.65	59
医疗	9	1.02	97	1.77	56	0.81	123	1.21	82
交通	13.2	1.38	71	2.40	41	1.08	91	1.73	57
教育	11.4	1.15	86	2.05	48	0.95	104	1.52	65
居住	13	0.68	145	1.24	79	0.62	159	0.92	107

4.5.3　价格粘性测度：基于不同特征子样本

为进一步探究名义价格粘性特征，我们按照商品不同分类、零售商所在区域、交易规模是否 TOP 20，以及商品是否进口将数据区分为不同的子样本，分别计算价格粘性。表 4-4 列出了不同特征子样本的估算结果。

参照渠慎宁等（2012）和国家统计局居民消费价格分类方法，将 8 个大类商品和服务进一步划分为食品、工业消费品和服务三个大分类，其中工业消费品包含烟酒、衣着和耐用消费品，服务类包含医疗保健、交通通信、教育及居住类商品。根据表 4-4 的结果，工业消费品的 GR 法价格调整频率为 1.78%，价格持续时间为 55 天，远远低于食品和服务类商品，表现出较低的价格粘性程度，相对而言，三大分类中服务类商品的价格粘性程度最高。食品类价格粘性介于二者之间，接近于服务类价格粘性，这反映出中国政府对成品粮及粮食制品、植物油制品等重要食品的价格干预措施起到一定作用，一定程度上影响了食品类的价格粘性程度。

接下来根据零售商注册地将样本划分为东、中、西部地区三个子样本，考察不同区域的价格粘性。结果表明，东部地区和中部地区价格频率比较接近，且均低于西部地区，意味着西部地区的价格更为灵活。这种现象可能与不同地区的经济结构有关，已有的经验研究表明，增加值较小的最终产品，显示出更频繁的价格变化（Nakamura 和 Steinsson，2008）。相对而言，西部地区的经济结构特征是传统产业主导，西部地区的零售商出售的产品增加值可能较小，导致西部地区的价格水平更为灵活。

根据商品成交量是否在同类商品中排名前 20 进行分类，发现 TOP 20 商品的价格变化频率均高于非 TOP 20 商品。包含促销时，根据 GR 法估算结果，TOP 20 商品的价格频率为 1.68，价格周期为 58 天，非 TOP 20 的价格频率为 1.17，价格周期为 84 天，TOP 20 商品的价格灵活度远高于非 TOP 20 商品。观察 BK 法的估算结果，发现剔除促销前后，TOP20 商品价格持续时间由 39 上升至 59，上升了 51%，非 TOP 20 商品由 50 升至 71，上升了 40%，表明 TOP 20 商品受促销的影响更大，意味着 TOP 20 商品的零售商采用了更多的促销行为。

表 4-4 最后两行是进口品和非进口品的估算结果，可以发现进口品的价格频率更高，价格调整更为灵活。对于这一现象的可能解释是由于进口品以工业消费品和食品类为主，导致进口商品的价格粘性程度较低。

表 4-4 子样本价格粘性：频率与周期

分组	包含促销				剔除促销			
	GR 法		BK 法		GR 法		BK 法	
	频率（%）	周期（天）	频率（%）	周期（天）	频率（%）	周期（天）	频率（%）	周期（天）
不同分类								
食品	1.16	85	1.88	52	0.88	112	1.33	74
工业消费品	1.78	55	2.70	36	1.26	78	1.76	56
服务	1.06	93	1.86	53	0.80	123	1.34	74
不同区域								
东部	1.19	83	2.03	48	0.97	101	1.43	69

分组	包含促销				剔除促销			
	GR 法		BK 法		GR 法		BK 法	
	频率（%）	周期（天）	频率（%）	周期（天）	频率（%）	周期（天）	频率（%）	周期（天）
中部	1.20	82	2.08	47	0.98	100	1.46	68
西部	1.49	67	2.29	43	1.06	93	1.52	65
交易规模								
TOP20	1.68	58	2.47	39	1.16	85	1.65	59
非 TOP20	1.17	84	1.97	50	0.91	108	1.41	70
是否进口								
进口品	1.41	69	2.04	48	1.10	89	1.51	65
非进口品	1.20	82	2.01	49	0.93	106	1.41	70

注：价格变化频率是指价格每天发生变化的百分比。价格变化周期的单位为天。西部地区指陕西、甘肃、青海、宁夏、新疆、四川、重庆、云南、贵州、西藏等 10 个省。中部地区包括山西、内蒙古、吉林、黑龙江、安徽、江西、河南、湖北、湖南等 9 个省、直辖市、自治区。东部地区包括 12 个省、直辖市、自治区，分别是辽宁、北京、天津、河北、山东、江苏、上海、浙江、福建、广东、广西、海南。TOP 20 是指成交量在同类商品中排名前 20 的零售商所出售的商品。

4.5.4　价格粘性测度：向上粘性和向下粘性

理论文献将价格粘性区分为向上粘性和向下粘性，且认为价格存在向下粘性，即向下调整价格的频率会远低于向上调整价格的频率。中国商品市场的名义价格是否存在向下粘性？我们在表 4-5 报告了向上粘性和向下粘性的估算结果。表 4-5 第一行是总体计算结果，最为显著的特征是，价格下调频率与价格上调的频率差异不大，表明价格下调非常灵活，名义价格不存在向下粘性。具体而言，在包含促销情形下，价格向上调整频率为 0.73%，向下调整频率为 0.82%，向下调整频率略大于向上调整频率。在分类计算结果中，各类商品的向上和向下粘性程度比较接近，而且向下调整频率均略大于向上调整频率，表明价格向下调整灵活程度更高，不存在向下粘性。剔除促销后，各类商品仍然表现出类似的特征。

表 4-5　向上粘性与向下粘性：频率与周期

分组	包含促销				剔除促销			
	向上粘性		向下粘性		向上粘性		向下粘性	
	频率（%）	周期（天）	频率（%）	周期（天）	频率（%）	周期（天）	频率（%）	周期（天）
所有商品	0.73	134	0.82	121	0.60	166	0.65	151
食品	0.71	139	0.74	134	0.61	162	0.62	159
烟酒	0.78	126	0.83	119	0.63	156	0.68	146
衣着	1.06	93	1.21	81	0.75	132	0.83	119
家庭	0.87	113	0.92	107	0.69	143	0.75	132
医疗	0.75	131	0.77	128	0.55	181	0.62	159
交通	0.80	123	1.04	95	0.59	166	0.73	136
教育	0.68	144	0.85	116	0.57	174	0.69	142
居住	0.47	210	0.48	206	0.45	218	0.48	206

注：价格变化的频率是指价格每天发生变化的百分比。价格变化周期的单位是天。计算过程与总体粘性类似，将价格变化分为正向和负向变化，使用 GR 法分别计算价格向上粘性和向下粘性的频率和周期。

4.5.5　价格粘性：中国与发达经济体的比较

本章已经估算出中国商品市场总体价格调整频率，那么中国的名义价格变化是灵活的吗？目前学界并没有判断价格灵活性的统一标准。较为普遍的做法是将本国的价格粘性与其他国家的价格粘性进行比较，以确定相对灵活程度（Klenow 和 Malin，2010；Ozmen 和 Sevinc，2011）。本章总结了既有文献采用类似方法估算价格粘性的估算结果，并与我们的估计结果进行比较，以衡量中国在国际上的价格粘性程度。图 4-4 报告了不同国家的价格周期估算结果。[1]

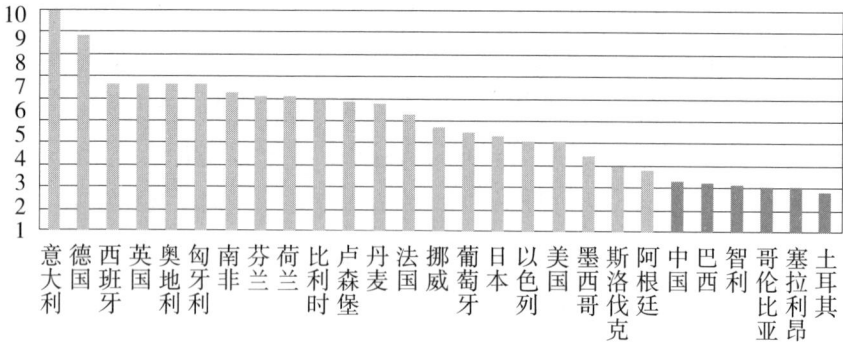

图 4-4　各国价格粘性程度

---

[1]　每个国家估算结果的文献来源参见第二章表 2-3。

图4-4的结果显示，总体而言，欧洲国家表现出相对较强的价格粘性，价格周期在4.5到10个月之间。与欧洲相比，美国价格相对灵活，价格周期小于5个月。新兴市场国家均表现出较高的调价频率，总体价格的持续时间均低于美国。中国的价格粘性程度远低于发达国家的水平，甚至低于部分经济水平相似的其他发展中国家。要指出的是，由于各国计算价格粘性的样本期不同，直接对各国的估计结果进行比较隐含了一个较强的假定，即这些国家的价格粘性程度在不同时期的变化不大。对于成熟市场经济国家，宏观经济环境和通货膨胀等影响价格粘性程度的因素相对稳定，此假定具有合理性，比如 Nakamura 和 Steinsson（2008）根据美国的 CPI 数据将样本期划分为 1988—1997 和 1998—2005 两段，发现不同时期的价格粘性程度差异不大。我们主要与发达国家进行比较，发现中国的价格粘性程度远低于发达国家，即便使用不同情形下不同估计方法的四种估算结果进行比较也能得出同样的结论。因此，本章的结论是可以接受的。我们对此现象的解释是中国劳动力市场的低工资粘性可能导致了低价格粘性。根据徐建炜等（2012）的研究，中国劳动力市场的价格粘性程度处于世界较低水平，在 15 个国家的估算结果排名中处在倒数第二的位置，只有美国 1/6 的水平。由于生产要素的价格粘性尤其是工资粘性会影响到产品价格粘性，我们认为，中国的工资粘性较小可能直接导致价格粘性程度较低。

4.6　小结

本章运用网络文本提取与挖掘技术，从 2010 年开始收集来自互联网的商品价格数据，构建大样本微观价格高频数据集，对中国商品市场价格粘性的一些基本问题进行研究。研究发现：第一，相对于发达国家的价格粘性程度，我国价格粘性程度处于较低的水平。第二，不同类别商品之间的价格粘性程度具有很大的异质性。第三，通过区分价格向上粘性和向下粘性，发现中国商品市场不存在向下粘性。通过划分子样本分析，发现东部地区和中部地区价格粘性程度比较接近，均低于西部地区。进口品和非进口品的价格调价频率差异不大，相对而言，进口品的价格更为灵活。成交量在同类商品中排名前 20 的零售商调价更为频繁。第四，总体而言，零售商的价格调整是以价格下调为主，但价格上涨幅度大于下降幅度。最后，其他一些发现值得在未来的研究中进一步关注，比如剔除促销后，价格调整幅度的分布仍然具有对称形态的长柱条现象。

本章的研究结论具有较强的宏观含义。根据新凯恩斯理论，如果微观价格变动具有粘性，面临经济波动冲击不能迅速做出调整，则货币当局的货币政策能够影响商品和服务的真实产出。本章的研究表明，中国的名义价格粘性程度处于较低水平，说明中国的商品市场价格调整比较灵活，可能意味着扩张性货币政策对商品和服务的产出刺激作用较小。这一推断与徐建炜等（2012）的研究一致，他们的研究结论表明，中国劳动力市场的价格粘性程度处于世界较低水平，蕴含了与本章研究结论相似的宏观经济政策含义。

本章发现不同类别商品组内和组间都存在较强异质性。其宏观含义在于：一方面，不同类别商品的粘性特征所包含的信息能有助于我们更好理解通胀动态。CPI 八大类的价格粘性存在异质性，这意味着 CPI 各子成分对总体 CPI 的动态传导效应不同，本章发现衣着类商品价格最为灵活，预示着衣着类对 CPI 的正向传导较为明显，这与张成思（2009）的估计结果一致。另一方面，异质性的存在可能解释了微观粘性与宏观结果的差异。有研究表明，货币投放至少两个季度后才能影响总体物价水平（刘斌，2002；闫力、刘克宫、张次兰，2009），意味着中国商品市场需要 6 个月才能完成价格调整，蔡晓陈（2012）基于宏观数据的价格粘性研究表明价格平均持续时间为 3.4 ~ 8.1 个月，都显著大于本章基于微观数据的结论。根据 Carvalho（2006）的研究，价格变化频率的部门异质性，将会通过战略互补等机制对总体价格水平的调整速度产生影响，从而增加宏观水平上的价格粘性。本章的研究结果表明，中国商品市场不同部门的价格粘性存在较高程度的异质性，这种异质性可能会对总体价格水平的调整速度产生影响，从而增加宏观水平上的价格粘性，导致宏观层面的价格调整过程需要更长的时期。

　　本章研究结果说明网络价格数据可以为价格粘性典型事实提供较为深刻的洞见，我们相信这种微观数据用于宏观经济学研究的潜力远远超出了本章的初步探讨。但由于来自"鼠标世界"的数据必然具有不同于"水泥世界"的特征，可能会导致一些结论具有特殊性。未来需要更全面的微观数据集进行更仔细的研究，在可能的情况下，有必要使用国家统计局的官方数据进行对比研究，检验是否会得到不同的结论。

5 中国商品市场定价模式：时间依赖还是状态依赖 ①

既有文献研究价格粘性一般从两个维度进行，一个维度是价格调整的频率，另一个维度是价格调整的幅度大小及其分布。考察价格调整频率可以估计出价格粘性程度，从而有助于回答货币政策有效性问题。考察价格调整幅度的分布则可以观察到企业定价模式，从而有助于回答货币政策刺激效果的持续性问题。上一章对中国商品市场的名义价格粘性程度进行了估算，发现中国的名义价格粘性处在相对较低的水平，商品市场的价格调整机制相对发达国家较为灵活。但是，调价频率只给出了商品价格行为的局部视图，要了解价格变化背后的微观机制以及价格粘性的可能原因，还需要考察价格粘性的另一个维度，即总体价格的定价模式。本章发现，中国商品市场的价格调整幅度分布呈现双峰形态，符合状态相关定价模型的预测（Dotsey et al，1999；Golosov 和 Lucas，2007），通货膨胀方差分解也发现总体定价模式与状态相关，表明中国商品市场企业的定价存在一定程度的"选择效应"，价格水平能够相对迅速地响应经济波动冲击。

---

① 本章主要内容发表于《经济研究》2013 年第 9 期。

5.1　引言

现代宏观经济理论的一个重要结论是不同微观价格生成机制所决定的总量价格定价模式具有截然不同的宏观经济影响。一般认为，总量价格定价模式主要分为时间相关定价（Time Dependent Pricing，TDP）和状态相关定价（State Dependent Pricing，SDP）两类。在时间相关定价模式中，企业的价格确定取决于时间因素，给定时期仅部分企业更新价格（Taylor，1980），或者以一定概率随机调整价格（Calvo，1983），因此，企业的调价行为对外界因素冲击的响应速度较慢，总体价格水平的调整不够灵活，货币政策对总产出的刺激作用具有较持久的影响。相比而言，状态相关定价模式强调企业能够在任何时候更改价格，但必须支付调价带来的"菜单成本"。企业通过比较调价收益和调价的"菜单成本"，选择是否改变产品的价格以应对冲击（Dotsey et al，1999；Golosov 和 Lucas，2007），由于这种"选择效应"（Selection Effect）的存在，价格水平能够相对迅速响应经济波动冲击，这时货币政策对总产出的刺激作用将更为短暂。因此，考察企业价格生成机制是否存在选择效应，识别总量价格定价模式，有助于回答货币政策效果的持续性问题。

作为 DSGE 模型中最为基础的假定，定价模式的设定对于结构宏观模型能否准确刻画一国经济状况至关重要。近年来，许多学者通过构建新凯恩斯范式的 DSGE 模型来分析中国经济波动、货币与财政政策等问题（李春吉、范从来、孟晓宏，2010；薛鹤翔，2010；王君斌、王文甫，2010；王文甫，2010；李雪松、王秀丽，2011；侯成琪、龚六堂、张维迎，2011），这些研究通常假设价格具有粘性且产品价格变动采用 Calvo（1983）固定比例调整方法，并引用美国的价格变动概率对模型参数进行校准。由于每个国家的市场环境不同，直接借鉴国外研究结论构建的理论模型缺乏相应的事实基础，一定程度上影响了这些研究结论的可靠性。随着理论研究的深入，迫切需要构建更加符合中国经济实际的宏观模型分析中国经济问题，这一现实客观上要求基于中国数据的经验研究为宏观模型的合理设定提供经验证据的支持。

本章利用来自互联网的商品价格数据，估计微观层面的价格调整幅度分布，探讨中国商品市场的总量价格调整模式到底与状态相关还是与时间相关，结果发现价格调整幅度符合状态相关模型的预测。为验证结论的稳健性，进一步采用通货膨胀方差分解方法考察价格调整模式，发现总体定价模式主要与状态相关。

5.2 数据获取与处理

5.2.1 数据来源及获取方法

数据来源于全球最大的中文购物搜索引擎"一淘商品搜索"。获取并处理数据的具体步骤如下：首先，在每天的固定时间，利用软件自动访问"一淘"购物搜索引擎公共网页，分析目标页面源代码，识别并抽取目标信息，以可扩展标记语言（Extensible Markup Language，XML）格式保存到本地工作站。第二，对 XML 文件进行"清洗"，即去除 XML 文件中的标签等无用信息。例如价格信息包含在自定义的两个"Price"标签之间，可以根据这两个标签进行定位，提取标签之间的内容，得到所需要的文本信息。本章用 C# 语言编写数据清洗程序，对 XML 文件中的有效文本信息进行抽取并保存为逗号分隔符（Comma Separated Value，CSV）文件格式。第三，对文本进行模式识别，得到需要的最终信息。模式识别的过程较为复杂，需要通过正则表达式定义识别规则并对文本进行模式匹配，找出符合特定模式的文本。我们通过编写 SAS 程序对 CSV 文件中的文本进行模式识别。最后，将经过清洗和模式识别后的信息添加到本地数据库。[①]

互联网价格数据的几点优势使其成为研究价格粘性的合意信息来源。首先，互联网数据可以每天定时获取，形成的数据集包含观测样本的每日

---

① 获取并处理网络数据的具体步骤参见本书附录 2。

价格，这种高频观测将极大地减少测量误差。第二，样本信息非常详细，包括品名、价格、销量、评价、商品分类、销售商等。每个产品都有唯一的 ID 号，可以很方便地跟踪该产品的价格变化情况。第三，没有强制性替换（Forced Item Substitution）问题。在官方统计数据中，对于季节性产品或者当产品脱销、下架时，会发生强制性产品替换，这将产生人为的价格变化，可能导致较大的误差。相比之下，在线商品的价格数据，每个商品都有唯一的价格序列，观测样本相互独立，避免了强制性替换问题。最后，网络商品市场与传统商品市场并无本质区别，两者之间的差异主要是商品交易渠道的不同。随着网络购物的发展，企业通过自建平台或入驻天猫商城、亚马逊等大型网络平台，开拓网络零售"线上"渠道，网络市场不过是实体市场的延伸。另一方面，网上商店也开始"落地"开实体店，传统"线下"渠道与网络"线上"渠道实现深度融合。网络数据的主要缺点是仅涵盖 CPI 篮子的部分商品，但随着电子商务的发展，在线商品的品种越来越丰富，除了 3C、图书等标准化产品类，已扩展到服装鞋帽、化妆品、食品、家用电器、家居百货、文体用品、珠宝配饰、母婴产品、医药、家装材料等众多品种。此外，有证据表明，"在线"商品价格的行为，在价格变化的时机和规模方面都类似于"离线"价格行为（Cavallo，2010）。综上所述，我们认为来自网络的商品价格数据基本能够反映中国商品市场的价格行为。①

5.2.2　数据集描述

数据集涵盖每天采集的来自"一淘网"的 355 万种商品和服务的信息，时间跨度从 2010 年 12 月至 2013 年 2 月，共有 806 天 15.25 亿条观测。按照网络分类信息进行统计，所有网络商品和服务的种类共有 913 类。为便于进一步分析，基于国家统计局《2010 年统计报表制度》的分类标准，把网络分类与国家标准的基本分类进行匹配。匹配后共有 175 个基本分类，

---

① 关于网络数据用于本研究的适当性说明参见第四章。

相当于覆盖了 CPI 篮子的 66.79%。最后把 175 个基本分类划分为 8 个大类。[①]
这 8 个大类商品数量占全部商品数量的比例略有差异，其中食品（8.70%）、
衣着（24.46%）、家庭（17.93%）、医疗（23.84%）、教育（15.37%）类
占比较高，交通（3.96%）、烟酒（2.63%）、居住（3.33%）类占比较低。[②]
但从绝对数量看，每个类别都包含了众多的商品数量，即便是商品数量较
少的居住、烟酒和交通类也至少有超过 9 万种商品，能够保证每类商品有
足够多的观测样本。总体而言，数据集的主要特点是产品种类丰富、样本
量大、高频和高 CPI 覆盖率。[③]

5.2.3 数据预处理

在展开正式研究之前，我们参照文献中的标准方法进行初步的数据处
理：（1）缺失值处理。由于网络不稳定或者抓取软件本身的原因，会导
致价格序列某些时点或时间段存在信息缺失。我们用缺失前一天的价格记
录补齐，直到新的价格信息出现（Klenow 和 Kryvtsov，2008；Gopinath 和
Rigobon，2008）。（2）异常值处理。按照文献的通常处理，剔除价格序
列中 1% 和 99% 分位数以外的数据。借鉴 Cavallo（2010）的处理，将价格
上涨超过 500% 或者价格下降超过 90% 的值定义为异常值。此外，我们发
现一些价格变化呈现频繁的"小起小落"特征，即在非常短的时期，频繁
进行微小上涨和下降调整。这可能是零售商为提高商品排名采取的某种"手
段"，属于非正常的价格调整。因此我们将价格调整比例小于 1% 且持续
时间小于 2 天的值定义为"小起小落"型异常值。（3）样本期处理。根
据观测样本首次出现的日期和最后一次出现的日期来计算每个样本的样本
期长度，为保证样本的观测时期足够长，剔除样本期小于 180 天的观测。（4）

① 中国 CPI 分类体系包括 262 个基本分类和 8 个大分类。8 个大类分别是食品、烟酒及用品、
衣着、家庭设备用品及服务、医疗保健及个人用品、交通和通信、娱乐教育文化用品及服务、居住，
为行文方便，简记为食品、烟酒、衣着、家庭、医疗、交通、教育和居住。
② 括号中的数字是该类商品数量占总体商品数量的比例。
③ 关于原始数据集的基本情况参见第四章表 4-1。

剔除 C2C 数据。我们获取的数据分为个人对个人（Customer-to-Customer，C2C）和商家对顾客（Business-to-Customer，B2C）数据，其中"淘宝网"的数据属于 C2C 数据，其他皆为 B2C 数据。B2C 的商业形态包括综合商场、百货商店、垂直商店、复合品牌店等多种类型，与传统市场的商业形态非常类似，定价主体是各种类型的企业，符合研究要求。C2C 是个人与个人之间的电子商务，定价主体是个人，经营还存在一些不规范的地方，数据噪音比较大，因此将来自"淘宝网"的数据予以剔除。（5）识别促销价格。根据 Nakamura 和 Steinsson（2008）的研究，与正常的价格变化相比，促销型价格变化具有显著不同的特征，一是与促销有关的价格变化是高度瞬态的，二是大多数情况下，促销结束后产品的价格会恢复到之前的价格，即价格变化呈现出非常明显的"V 型"模式。因此，可由降价持续时间和 V 型特征来识别促销价格。根据多数文献观点，我们将降价持续时间小于 15 天且具有 V 型特征的价格变化定义为促销。

5.3 价格调整幅度和分布：典型事实

5.3.1 价格调整幅度

既有文献研究价格粘性一般从两个维度进行，一个维度是价格调整的频率，另一个维度是价格调整的幅度大小及其分布。考察价格调整频率可以估计出价格粘性程度，从而有助于回答货币政策有效性问题。考察价格调整幅度的分布则可以观察到企业定价模式，从而有助于回答货币政策刺激效果的持续性问题。上一章对中国商品市场的名义价格粘性程度进行了估算，发现中国的名义价格粘性处在相对较低的水平，商品市场的价格调整机制相对发达国家较为灵活。但是，调价频率只给出了商品价格行为的局部视图，要了解价格变化背后的微观机制以及价格粘性的可能原因，还需要考察价格粘性的另一个维度，即价格调整幅度及其分布。本章首先计算总体样本和分类样本的价格调整幅度。

调价幅度计算公式为，价格调整幅度＝[（本期价格－上期价格）/上期价格]*100%。计算过程为，首先对样本期内每个商品价格变化的幅度取绝对值后求和，将求和结果除以调整次数得到单个商品在样本期内平均调整幅度，然后用同样的方法按照网络分类和国家基本分类计算平均幅度，最后取基本分类计算结果的中位数作为所有商品的价格变化幅度。其他指标及八个大类的指标计算过程与此类似。表5-1展示了价格调整幅度的基本统计情况。

表5-1第一行是所有商品的总体结果。在包含促销情形下，调价幅度为24.9%。相比而言，Cavallo（2010）同样利用网络数据估算的拉美四国的价格调整幅度均在5%以内，表明中国商品市场的价格调整幅度是相当大的。[①] 表格第3列、第4列分别是价格上涨和下降幅度。仅从绝对值来看，价格上涨幅度超过下降幅度约10个百分点，差异非常明显。但要注意的是，由于下降和上涨幅度的值域不同[②]，因此不能简单地进行比较，需要换算后再做比较。我们将下降幅度换算为对应的上涨幅度，公式为：{1/（1-|下降幅度|）-1}*100%。[③] 根据换算后的价格变化幅度进行比较，发现上涨幅度大于下降幅度超过5个百分点。结合第四章价格下调次数占总调价次数的比率结果，发现零售商的价格行为有如下特点：从调整次数角度，价格下调次数大于上调次数，但从调整幅度角度，价格上涨幅度大于下降幅度。根据Guimaraes和Sheedy（2011）的研究，当企业面对价格敏感性不同的消费者，会制定分时段定价策略，即在不同时间段，分别采

---

① 这种差异也可能是由总体调整幅度的计算方法造成的。由于价格下降幅度的计算结果为负值，在本章的计算公式中，我们对价格下降的幅度取绝对值，而不是简单地将上涨幅度和下降幅度直接求和，避免了相加过程中的抵消作用，因此更能客观地反映价格波动幅度。

② 从价格下降幅度看，价格最多只能下降100%，但上涨幅度可以是正无穷。在既有的文献中，比如Cavallo（2010），似乎并没有注意到这一问题，直接对上涨幅度和下降幅度进行比较，我们认为这种比较不够严谨，需要进行调整。

③ 比如，某个商品由10元降到5元，降幅为50%，从5元涨到10元，涨幅为100%，这两者存在对应关系。我们按照换算公式换算，降幅50%换算后对应的涨幅是：{1/（1-|-0.5|）-1}*100%=100%。

取高价格和低价格。本章的实证结果符合这种策略，一方面，用频繁的小幅降价吸引价格敏感的消费者，另一方面，针对一部分需求价格弹性较小的消费者，提升涨价的幅度。综上所述，总体而言，在样本期内价格调整行为的典型特征是，价格上涨幅度大于下降幅度 5 个百分点，但涨价次数低于降价次数，表现出以降价行为为主，使得涨价行为较为隐蔽，消费者更容易接受。

表 5-1　价格调整幅度

分组	包含促销				剔除促销			
	总体调整幅度（%）	上涨幅度（%）	下降幅度（%）	调整后的差额（%）	总体调整幅度（%）	上涨幅度（%）	下降幅度（%）	调整后的差额（%）
总体	24.90	30.19	−20.07	5.06	25.22	27.26	−18.07	5.20
食品	23.08	27.78	−18.47	5.12	24.34	26.42	−18.16	4.22
烟酒	22.32	27.42	−17.90	5.61	23.43	26.32	−17.30	5.39
衣着	36.92	49.63	−28.04	10.66	36.92	38.40	−22.79	8.88
家庭	25.61	31.56	−20.69	5.46	25.74	26.73	−17.69	5.23
医疗	23.85	27.66	−18.66	4.71	23.85	26.00	−17.14	5.31
交通	16.46	20.59	−13.90	4.43	16.18	20.07	−13.56	4.38
教育	18.12	22.02	−15.37	3.85	17.26	20.62	−14.96	3.03
居住	18.60	22.09	−16.46	2.38	18.61	21.90	−14.29	5.23

从表 5-1 的分类计算结果来看，价格调整幅度在不同类商品之间变化很大。根据表 5-1 第 2 列的结果，调价幅度最大的是衣着，平均为 36.92%，调价幅度最小的交通为 16.46%。与此类似，从表格第 3 列和第 4 列的分类计算结果可以看出，价格上涨幅度和下降幅度最大的是衣着，价格上涨幅度和下降幅度最小的是交通。这说明衣着类商品价格波动最大，价格变化幅度离散程度最高，交通类价格波动最小，价格变化幅度比较集中。第 5 列的结果显示，调整后价格幅度的差额超过 5 个百分点的商品类别有衣着、烟酒、家庭和食品，差额小于 5 个百分点的商品类别则有医疗、交通、教育和居住，其中价格调整幅度差额最大的是衣着类，上涨幅度大于下降幅度 10.66 个百分点，差额最小的是居住类，上涨幅度大于下降幅度 2.38 个百分点，说明居住类价格变化比较对称，衣着类价格则是上涨幅

度远超下降幅度，结合上一节的研究结果，表明衣着类商品具有价格调整频繁、偏好促销、价格调整幅度较大的特征。在剔除促销情形下，表现出基本相同的规律，说明计算结果是稳健的。

5.3.2 价格调整幅度的分布

价格调整幅度的分布能够提供区分企业定价模式的证据。在状态相关定价模型中，如 Golosov 和 Lucas（2007）的菜单成本模型，预测价格调整幅度的分布呈现双峰分布形态（Bimodal Distribution）。该模型认为，当价格小幅偏离最优价格时，如果纠偏的收益不足以弥补纠偏的成本，则厂商会放弃调整价格。这意味着小幅度的价格调整行为较少发生，导致价格调整幅度的分布在百分之零附近急剧下降，形成双峰分布。相比之下，在时间相关定价模型中（Calvo，1983），不存在调整成本的约束，当调整时间来临，厂商根据商品成本变动情况调整为最优价格，因此模型预测价格调整幅度的分布会在百分之零附近呈现单峰分布形态（Unimodal Distribution）。许多经验研究文献考察了价格调整幅度的分布，根据不同国家的数据得到的结论不尽相同，既有双峰分布（Cavallo，2010；Ozmen 和 Sevinc，2011），也有单峰分布（Klenow 和 Willis，2007；Baudry et al.，2007；Kackmeister，2007）。

本节运用非参数估计方法考察中国商品市场的价格调整幅度的分布[①]，以区分不同价格粘性理论在中国的适用性。直方图法是最简单有效的非参数估计方法之一，在样本量较大而允许组距（Bin Width）较小的情况下，能够直观地显示出随机变量的分布特征。由于本章数据的大样本特征，可将数据区间分得较细，从而能够直观判断百分之零附近价格调整幅度的状况，因此使用这种方法来描述价格调整幅度分布的主要特性。但直方图的缺点是估计较为粗糙且非连续，因此我们同时对数据进行核密度估计（Kernel Density Estimate），通过平滑的方法绘出连续的密度曲线，以

---

① 非参数估计方法在估计随机变量分布时，不需要对变量分布的函数形式做出先验设定，其最大的特点在于让数据自己"说话"，因此能够更有效地"找出"分布函数的真实形状。

更好地描述变量的分布形态。

图 5-1 是全体商品在包含和剔除促销两种情形下的价格调整分布。同时，我们将所有商品分为食品、工业消费品和服务类商品，考察分类商品在包含和剔除促销两种情形下的价格调整分布，结果见图 5-2。图中数据区间的组距为 0.01，并进行了归一化处理。由于我们主要关注零点附近的分布情况，价格调整幅度绝对值超过 50% 的值没有纳入计算。核密度估计的核函数是高斯密度函数[①]，并在 SAS 软件中使用 AMISE 方法自动拟和最优密度估计。

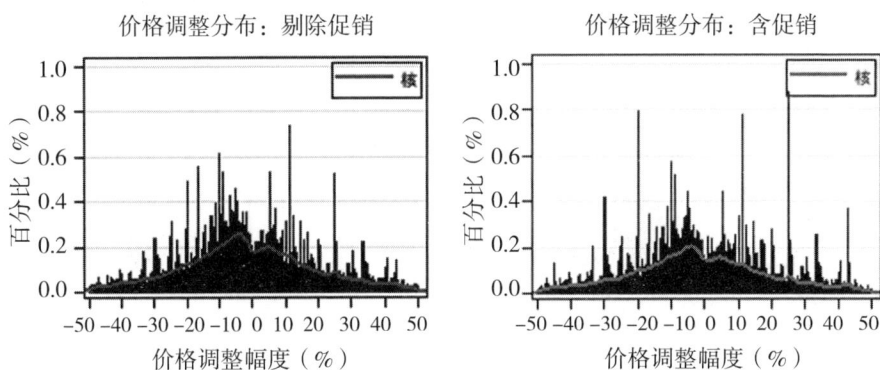

图 5-1　总体价格调整幅度分布

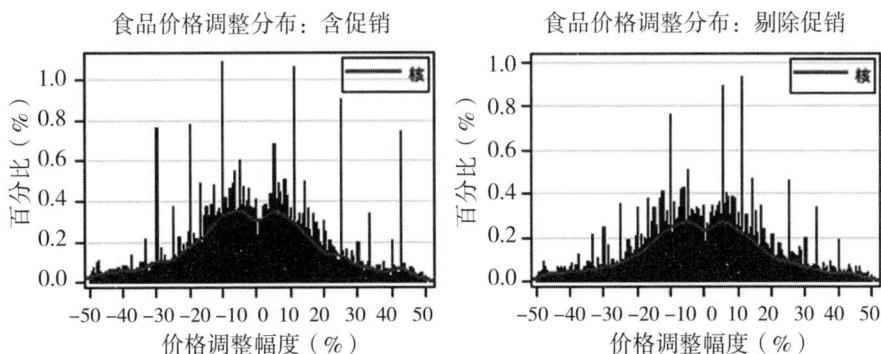

[①]　国内外相关文献进行核密度估计时使用最多的核函数是高斯密度函数。我们也选择其他类型的核函数进行估计，发现核函数的选择对核密度估计结果的影响不大，表明结果是稳健的。

工业消费品价格调整分布：含促销

工业消费品价格调整分布：剔除促销

服务价格调整分布：剔除促销

服务价格调整分布：含促销

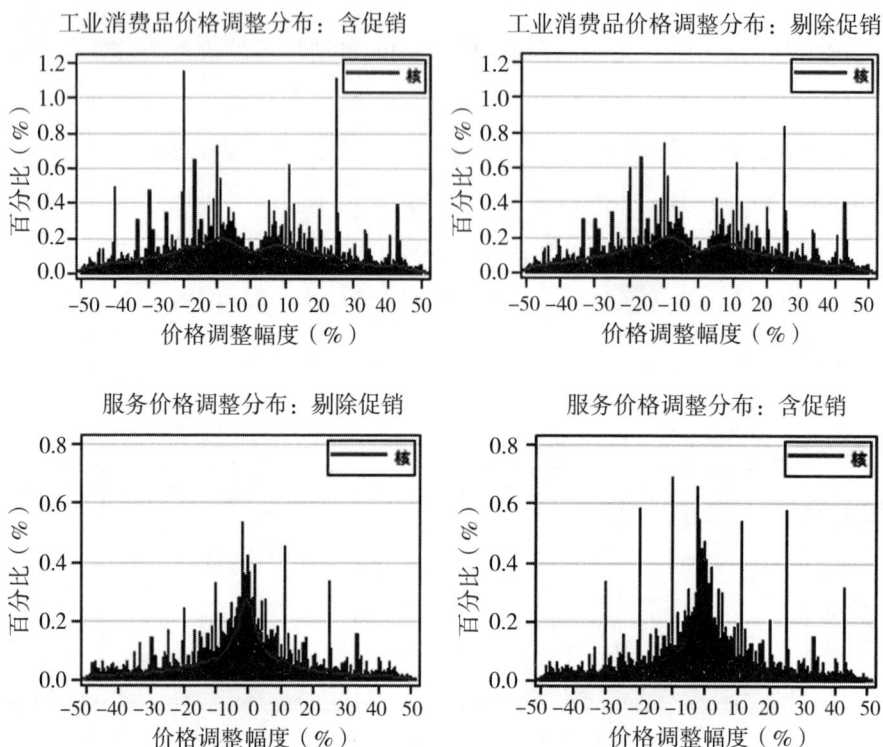

图 5-2 分类别的价格调整幅度分布

从图 5-1 和图 5-2 可以看出，最突出的特性是价格调整幅度分布在零点附近有明显的下凹，呈现出双峰形态，符合 SDP 模型的预测（Golosov 和 Lucas，2007）。当促销排除后，仍然呈现明显的双峰分布，如图 5-1 右图所示。这种双峰性说明价格变化幅度接近零的调整较少发生，提供了存在价格调整成本的证据。在图 5-2 中，考察三大分类商品的价格变化大小分布，发现食品、工业消费品呈现出明显的双峰分布，但食品类的集中度和峰度更高，工业消费品呈现出较低的峰度，价格调整幅度在整个坐标轴上分布较为均匀，表明工业消费品的价格调整幅度较为分散，波动更大。服务类的分布形态则大为不同，明显符合单峰分布形态。在剔除促销后，食品和工业消费品仍然呈现双峰形态，服务类呈现单峰形态，这也意味着不同类别企业定价机制存在异质性，值得进一步探讨。[①]

　　图 5-1 和图 5-2 表现出的第二个特征是价格调整分布中有多个突变（凸起）的部分，形成对称形态的长柱条。以图 5-2 中食品分布图为例，可以发现突出的长柱条代表着如下的序列：-30%，-20%，-10%，-5%，…，5%，11%，25%，43%。可见，当价格向下调整时，主要是下降整数比率。向上调整的幅度似乎并无规律，但当我们把向下调整的整数幅度经过前述公式换算后，发现这些整数降幅对应的上涨幅度恰好是 5%，11%，25%，43%。因此，经过换算公式调整后的下降幅度和上涨幅度非常对称。直觉上，这种现象可能预示着价格 V 型模式的影响。当剔除促销后，柱条长度的确显著下降，如图 5-1 和图 5-2 的右图所示。[②] 直方图和密度估计能够直观地呈现价格调整幅度的分布形状，但还不够严谨。我们使用哈迪根 DIP 检验（Hartigan Dip Test）对价格调整幅度的分布是否服从双峰分布进行正式检验。该检验方法由 Hartigan 和 Hartigan（1985）提出，是统计学文献中广泛运用的检验经验分布峰数的统计工具之一。[③] 我们在 R 软件中利用"Diptest"软件包计算哈迪根 DIP 统计量及相应 P 值来检验价格调整幅度分布是否服从双峰分布，[④] 其中零假设为服从单峰分布。结果见表 5-2。

---

　　① 最近提出的 SDP-TDP 混合模型可能解释了这种现象 Woodford（2009）。在时间相关定价模型（TDP）中，厂商调整价格的主要成本是不断监测市场价格变化情况的信息成本，状态相关定价模型（SDP）则强调调价的菜单成本。Woodford（2009）构建了一种新的混合模型，结合上述两种模型的要点，即在标准的 SDP 模型中，同时考虑企业收集信息的成本和调整价格的菜单成本，认为当 SDP 模型存在信息约束时也可以导致小的价格变化，在不同情况下，时间相关因素和状态相关因素将分别起主导作用，因此在定价决策中存在区制转换行为。尽管 Woodford（2009）提出了非常独到的见解，但目前还没经验研究证据支持这种区制转换行为，这也是值得进一步探讨的话题。

　　② 剔除促销后，柱条长度的确显著下降，但并没有完全消除这种现象，意味着还需要其他的理论来解释这种对称调价行为。

　　③ 有关 Hartigan Dip Test 的技术细节请参看 Hartigan 和 Hartigan（1985）。近年来，该检验方法在经济学文献中开始应用，比如 Henderson，Parmeter，和 Russell（2008）。

　　④ 本章的分析结果主要利用 SAS9.3 完成，但 SAS 软件目前不支持双峰分布检验，故此处利用 R 软件完成哈迪根 DIP 检验。

表 5-2　哈迪根 DIP 检验结果

	包含促销		剔除促销	
	Dip Stat.	p-value	Dip Stat.	p-value
所有商品	0.0202	<0.00	0.0231	<0.00
食品	0.0311	<0.00	0.0363	<0.00
工业消费品	0.0476	<0.00	0.0495	<0.00
服务	0.0009	0.18	0.0002	0.25

根据表 5-2 第 3 列和第 5 列的 P 值结果，在包含促销和剔除促销情形下，除了服务类商品，其他种类商品的价格调整分布均在 1% 显著性水平上拒绝单峰分布的原假定。对于服务类商品，则不能在 10% 显著性水平拒绝原假设。上述检验结果与图 5-1 和图 5-2 的核密度估计结果一致。我们在表 5-2 的第 2 列和第 4 列列出了 DIP 统计量的值。DIP 统计量是直接比较样本分布函数（Empirical Distribution Function）与跟它最接近的单峰分布函数之间的差距得到的一个非参数检验统计量。该统计量衡量样本分布偏离单峰分布的程度，统计量的值越接近 0，样本分布越具有单峰性。根据表 5-2 的结果，在三大分类商品中，服务类商品 DIP 统计量的值非常小，意味着服务类商品价格调整分布具有单峰性，工业消费品和食品的 DIP 统计量值远大于服务，表明这两类商品的价格调整幅度分布偏离单峰分布的程度较大，符合图 5-1 和图 5-2 的直观估计结果。

5.4　通货膨胀方差分解

5.4.1　通货膨胀的集约边际与扩展边际

上文通过检验价格变化幅度的分布形态，发现总量价格调整模式与状态相关。为验证前述结论的稳健性，采用通货膨胀方差分解方法进一步考察价格调整模式（Klenow 和 Kryvtsov，2008；Gagnon，2009；渠慎宁等，2012）。设定 p_{it} 为商品 i 在时间 t 的对数价格，ω_{it} 代表商品 i 在时间 t 的 CPI 权重，I_{it} 为商品 i 在时间 t 是否发生价格变化的指标：当 $p_{it} \neq p_{it-1}$ 时 $I_{it}=1$；当 $p_{it}=p_{it-1}$ 时 $I_{it}=0$。则根据 Klenow 和 Krystov（2008），通货膨胀可以表示为集约边际（The Intensive Margin，IM）和扩展边际（The Extensive

Margin，EM）的乘积：

$$\pi_t = \sum_i \omega_{it}(p_{it}-p_{it-1}) = \sum_i \sum_t \omega_{it}I_{it} \cdot \frac{\sum_i \sum_t \omega_{it}(p_{it}-p_{it-1})}{\sum_i \sum_t \omega_{it}I_{it}} = \mathrm{EM}_t \cdot \mathrm{EM}_t \quad (5.1)$$

其中第一项 $\mathrm{EM} = \sum_i \sum_t \omega_{it}I_{it}$ 是每月价格发生变化的商品或服务数目占总数目的比重，代表通货膨胀的扩展边际。第二项

$$\mathrm{IM} = \frac{\sum_i \sum_t \omega_{it}(p_{it}-p_{it-1})}{\sum_i \sum_t \omega_{it}I_{it}}$$ 是价格发生变化商品的月平均变化幅度，代表通

货膨胀的集约边际。不同的通货膨胀边际蕴涵着不同的总量定价模式，通过考察集约边际和拓展边际与通货膨胀的相关性可以判断总量定价模式。根据Taylor（1980）和Calvo（1983）模型，价格变化幅度是通货膨胀波动的唯一来源，若通胀（π）仅与价格变化幅度（IM）相关，则表明粘性定价模式与时间相关。若通胀（π）与价格调整比重（EM）也相关，意味着当通胀变化时，调整价格的厂商数量会随之增减，表明厂商调价行为能对市场环境的变化迅速产生反应。因此，若既与 IM 相关也与 EM 相关，则定价模式与状态相关。表 5–3 列出了通货膨胀的拓展边际和集约边际统计及回归结果。

表 5–3　通货膨胀的扩展边际和集约边际统计及回归结果

变量		中位数值（%）	标准差（%）	与 π 的相关性系数	关于的回归	
					π 的系数	P 值
总体	π	0.36	1.03	1	–	–
	EM	35.84	16.10	0.62	0.02	0.0113
	IM	0.96	1.71	0.94	0.64	<.0001
食品	π	0.28	2.35	1	–	–
	EM	42.82	23.41	0.61	0.05	0.0061
	IM	0.77	2.72	0.97	0.70	<.0001
工业消费品	π	0.54	2.28	1	–	–
	EM	35.79	21.60	0.57	0.02	0.0002
	IM	1.61	3.01	0.96	0.72	<.0001
服务	π	0.41	1.38	1	–	–
	EM	35.03	20.32	0.06	0.01	0.1338
	IM	1.42	2.83	0.80	0.44	<.0001

注：表中是根据 2010 年 12 月至 2013 年 2 月期间未剔除促销观测样本的计算结果。CPI 权重数据分别来自渠慎宁等（2012）和何新华（2010），其中 2010 年的数据来自何新华（2010），2011 年的数据来自渠慎宁等（2012），2012 年至 2013 年 2 月的权重采用 2011 年的近似结果。国家统计局对 CPI 权重数据的调整原则是每隔 5 年做一次大改动，其后的 5 年间仅做微小调整。按此原则，国家统计局在 2011 年对 CPI 权重数据做了较大调整，其后的几年仅做微调，因此，2012 年至 2013 年 2 月的权重采用 2011 年的权重作为近似对计算结果的影响不大。此外，目前只能获得大类的权重数据，在更细的分类层面都采用平均权数。

　　总体样本通货膨胀分解结果显示，与 IM 和 EM 的相关程度都较高，相关性系数分别达到 0.94 和 0.62，两者关于的回归系数均在 1% 水平上显著。EM 和 IM 均具有较强的波动性，与波动走势联动性较好（图 5-3）。在标准的 TDP 模型中（Taylor，1980；Calvo，1983），认为通货膨胀主要来源于价格变化幅度，价格调整数量比重保持固定比例不变，对通货膨胀的影响非常有限。本章结果表明，样本期内价格变化幅度及价格调整比重都显示出较大的变化，并且与通胀波动具有显著相关性，表明中国商品市场的厂商能够根据通胀的变化情况较为灵活地调整价格，定价模式总体上是状态相关的。考察分类别的结果发现，不同类别的定价模式存在差异。食品和工业消费品的通货膨胀分解结果表明，EM 与相关性较强，相关系数分别达到 0.61 和 0.57，EM 与波动趋势具有较为一致的联动性（图 5-4、图 5-5），EM 关于回归结果均通过显著性检验。而在服务通胀分解结果中，EM 与相关性系数仅为 0.06，且 EM 关于回归系数不显著。但与 IM 的相关性则较高，相关性系数为 0.80（图 5-6）。这表明，食品和工业消费品类的定价模式状态相关，而服务类定价模式则与时间相关，与前文价格调整幅度图形分布的结论基本一致，也与渠慎宁等（2012）的研究结果一致。

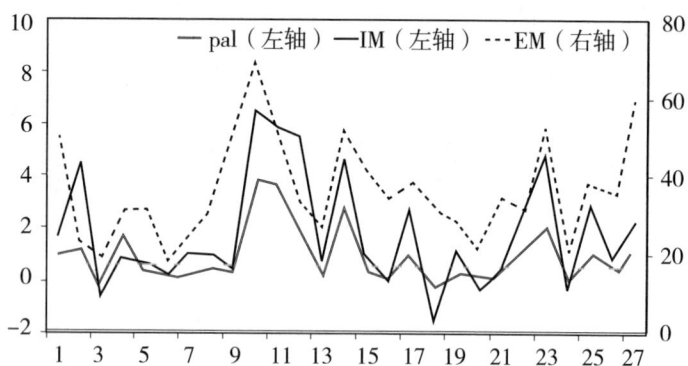

图 5-3　通货膨胀的 IM 与 EM 分解

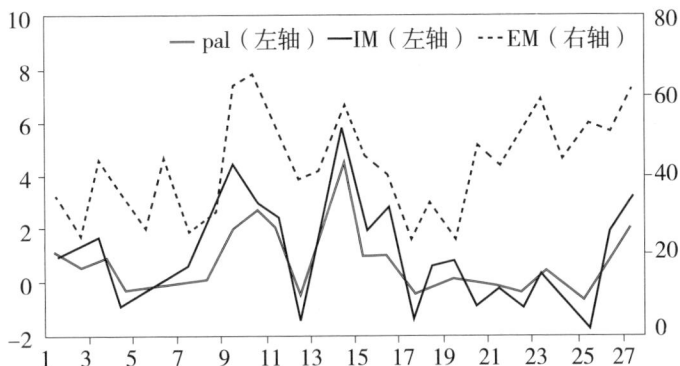

图 5-4 食品通货膨胀的 IM 与 EM 分解

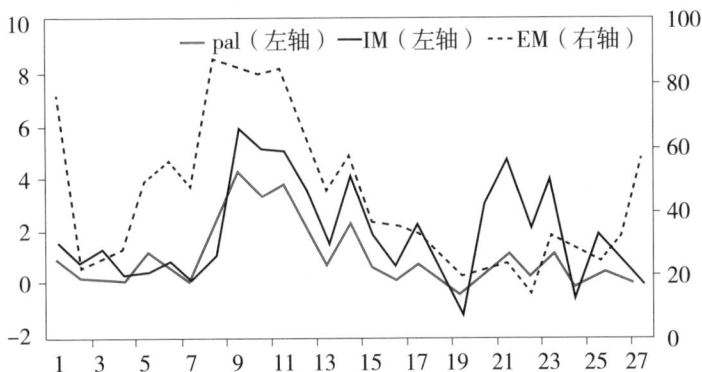

图 5-5 工业品通胀的 IM 与 EM 分解

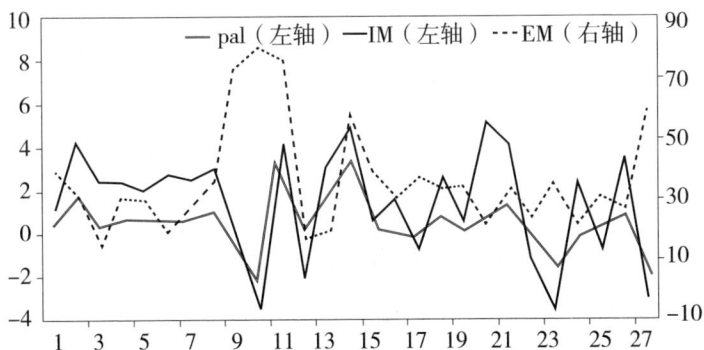

图 5-6 服务业通胀的 IM 与 EM 分解

5.4.2 通货膨胀方差分解

为进一步厘清拓展边际和集约边际对通货膨胀波动影响的相对重要

性，我们利用 Klenow 和 Krystov（2008）的方法对方差进行分解，把通货膨胀的方差分解为价格变化幅度的方差、价格调整比重的方差以及两者的协方差，考察通货膨胀的方差主要由 EM 还是 IM 贡献。如果价格调整比重的方差对通货膨胀方差的贡献大，说明拓展边际在通货膨胀波动中占主导地位，即一国的通货膨胀主要是基于调整价格的厂商数量的增加。反之，如果价格变化幅度的方差对通货膨胀方差的贡献大，说明集约边际在通货膨胀波动中占主导地位，即一国的通货膨胀来源于商品价格变化幅度层面量的扩张。借鉴 Klenow 和 Krystov（2008）的方法，将表达式 $\pi_t \triangleq em_t \cdot im_t$ 围绕样本均值（$\overline{em}$，$\overline{im}$）进行一阶泰勒展开，得到通货膨胀方差分解表达式：

$$\mathrm{var}\,(\,\pi_t\,) = \underbrace{\mathrm{var}\,(\,im_t\,)\,\cdot\,\overline{em}^2}_{\text{IM 项}} +$$

$$\underbrace{\mathrm{var}\,(\,em_t\,)\,\cdot\,\overline{im}^2 + 2\cdot\overline{em}\cdot\overline{im}\cdot\mathrm{cov}\,(\,em_t,\,im_t\,)}_{\text{EM 项}} + O_t \qquad (5.2)$$

其中，IM 项代表集约效应对通货膨胀的影响，EM 项代表拓展效应对通货膨胀的影响，是泰勒展开的高阶项，其数值很小，在具体计算过程中忽略不计。方差分解的结果见表 5-4。

表 5-4 通货膨胀方差分解结果

	不含促销		含促销	
	IM 项占比（%）	EM 项占比（%）	IM 项占比（%）	EM 项占比（%）
总体	0.6413	0.3586	0.6827	0.3172
食品	0.7061	0.2938	0.7549	0.2450
工业消费品	0.4519	0.5480	0.4626	0.5373
服务	0.9137	0.0862	0.9389	0.0610

表 5-4 报告了含促销和不含促销两种情形下的方差分解结果。在不含促销情形下，总体而言，IM 项解释了通货膨胀方差的 64%，表明集约边际是通货膨胀的主要来源。但集约边际并不是通货膨胀的唯一来源，EM 项能够解释通货膨胀方差的 36%，表明 EM 项也是相当重要的通货膨胀波动来源，符合 SDP 模型的预测。含促销的方差分解表现出类似的结果。在不同分类情形下，结论具有异质性。不含促销时，对于食品类商品，EM 项

占通货膨胀方差的比例为 29%，表明食品价格的扩展边际对通货膨胀波动的影响较大。工业消费品的 EM 项占比略微超过 IM 项占比，表明工业消费品的扩展边际是通货膨胀的主要来源。服务类的结果有所不同，EM 项仅占通货膨胀方差的 8%，IM 项则几乎解释了全部的通货膨胀方差，包含促销时也可以得出类似结论。方差分解的结果清楚地表明，总体而言，价格调整比重方差对通货膨胀方差的贡献较大，扩展边际是非常重要的通货膨胀来源，符合 SDP 模型的预测。对于分类结果，价格调整比重方差能够解释食品和工业消费品至少三分之一的通货膨胀方差，但对服务类通货膨胀方差的解释力非常有限。根据渠慎宁等（2012）的研究结果，这可能意味着食品、工业消费品领域的市场化程度较高，厂商根据外在通胀率的变化自我调整价格的能力强，服务领域的市场化程度较低，多数厂商对外在环境的变化反应较为缓慢。

5.5　小结

价格设定行为是在货币政策分析领域最具挑战性的主题之一，是具有微观基础的现代货币模型的分析起点。在货币政策理论模型中，不同的价格设定行为蕴含着不同的货币政策含义。既有文献针对总量定价行为提出了许多假设并用于货币政策分析，但在经验研究层面，到底采取什么样的定价行为仍然是一个争论话题。本章运用网络文本提取与挖掘技术，从 2010 年开始收集来自互联网的商品价格数据，构建大样本微观价格高频数据集，对中国商品市场总体定价模式进行研究。

研究发现，首先，零售商的价格行为有较为鲜明的特点，即价格下调次数大于上涨次数，但价格上涨幅度大于下降幅度。剔除促销后，这种特点更为明显。其次，发现中国商品市场的价格调整幅度分布呈现双峰形态，符合状态相关定价模型的预测（Dotsey et al，1999；Golosov 和 Lucas，2007）。通货膨胀方差分解也发现总体定价模式与状态相关，表明企业的定价存在一定程度的"选择效应"，意味着中国商品市场的厂商能够根据通胀的变化情况较为灵活地调整价格，总体价格水平能够相对迅速地响应经济波动冲击。同时，与渠慎宁等（2012）的研究结论一致，本章的研究结果表明基于 SDP 分析框架的模型更符合中国的经验事实，为宏观经济模型中厂商调整价格的设定提供了具体的经验证据。

6　吉利数字偏好、尾数定价与价格粘性——来自中国的证据 ①

本章利用来自"天猫商城"的价格数据，对中国商品市场吉利数字偏好的存在性、尾数定价模式及其对价格粘性的影响进行研究。结果表明：（1）中国商品市场尾数定价模式主要有三种：8尾数定价、9尾数定价和方便定价，其中最受偏好的是8尾数定价模式，同时回避4尾数定价，吉利数字偏好对尾数定价模式具有显著影响。（2）马尔科夫转移动态分析发现，8尾数的稳定性最强，当期的非8尾数在下一期转向8尾数的概率较高，且吉利数字互相转移定价的概率较大。（3）8尾数定价对商品价格粘性具有显著正向影响，"吉利价格"粘性强。相对于9尾数定价和方便定价模式，8尾数定价模式对价格粘性程度的贡献更大。节日期间零售商更加注重回避不吉利数字，进一步表明文化背景对商品市场价格粘性的影响。本章的研究为价格粘性来源提供了新的经验证据。

6.1　引言

名义价格具有粘性是宏观经济学最重要的基本假定之一。为了证明价格粘性假定的合理性，经济学家围绕价格粘性的来源展开了大量研究，最

---

① 本章主要内容经整理后发表于《财贸经济》2014年第12期。

具代表性的理论解释主要有菜单成本论（Barro，1972；Mankiw，1985）、尾数定价理论（Kashyap，1995；Levy et al.，2011）、公平定价理论（Rotemberg，2005，2011）、信息成本论（Mankiw and Reis，2002）等，试图为现代宏观经济学建立起坚实的微观基础。其中尾数定价理论（Price Point Theory）是从企业定价模式角度出发解释价格存在粘性的原因，认为厂商为吸引消费者购买，在定价时偏好把价格的最后一位数字设定为某些特定的数字，即使企业面临小幅成本改变的冲击，也倾向于保持特定尾数的价格不变，从而导致价格具有粘性（Kashyap，1995）。最近的理论研究表明，相对于仅考虑菜单成本的粘性理论框架，基于尾数定价理论构建的分析框架能够更好地拟合真实世界的数据特征（Knotek，2010）。在经验研究层面，该理论得到来自美国数据的支持（Blinder et al.，1998；Knotek，2011；Levy et al.，2011；Snir et al.，2012）。但目前的研究还有很大不足，一方面，不同国家的文化背景不同，可能会对尾数定价模式产生影响，因此需要结合文化因素考察不同尾数定价模式对价格粘性的影响（Levy et al.，2011），另一方面，作为解释价格粘性的代表性理论，目前仅仅得到美国数据的支持，显然还不足以证明理论的普适性，亟需来自更多国家的经验证据。

本章运用网络文本提取工具，收集来自中国最大的网络购物平台"天猫商城"的约150万种商品和服务的价格信息，首次对中国商品市场吉利数字偏好的存在性、尾数定价模式及其对价格粘性的影响进行研究。与既有研究相比，主要贡献有两点：一是利用大样本数据对中国商品市场的尾数定价模式进行了全面研究。发现中国商品市场最受偏好的是8尾数定价模式，同时回避4尾数定价，证明吉利数字偏好对尾数定价模式具有显著影响。同时，我们发现9尾数定价和方便定价也是中国商品市场非常重要的定价模式，表明中国的定价模式既受到传统文化的影响，也受到西方营销方式的影响。二是把吉利数字偏好现象研究拓展到商品市场价格决策阶段，首次证明我国传统文化中的数字偏好对价格粘性的影响，为价格粘性理论研究提供了来自文化因素的证据，也为尾数定价理论提供了来自发展中国家的证据。

　　本章结构安排如下：第二部分为相关经验研究文献回顾；第三部分介绍了数据来源、获取方式和处理过程；第四部分报告了中国商品市场的吉利数字偏好和尾数定价的典型事实；第五部分是计量分析，重点考察吉利数字偏好和尾数定价对价格粘性的影响；第六部分是本章结论与启示。

6.2　文献回顾

　　由于微观数据难以获得，早期的经验研究主要采用调查问卷的方式进行。Blinder et al.（1998）在一项针对200家美国公司定价行为的调查研究中，将尾数定价理论列为解释价格粘性的十二个代表性理论之一，调查这些理论在实际定价过程中的重要性，结果表明，88%的零售商在他们的定价决策中充分考虑尾数定价的重要性，在非零售行业，有47%的公司认为价格尾数是定价决策中要考虑的重要因素。近年来，越来越多的证据表明厂商采用尾数定价模式，但仍缺乏尾数定价和价格刚性之间关系的直接证据。直到2011年，Levy et al.（2011）使用来自293个网络卖家的474种消费电子产品以及一家美国大型连锁超市的微观数据，发现9是最常见的价格尾数，并且9尾数价格比非9尾数价格更具粘性，首次为尾数定价理论提供了来自真实世界最直接的经验证据。Snir（2012）分别使用来自受控实验、田野实验和美国大型连锁超市的数据，进一步深入研究消费者对价格尾数的认知过程并检验9尾数价格和价格粘性的联系，发现消费者使用9尾数作为低价信号，这种信号干扰消费者对不同价格的比较，[①] 尤其是当消费者面临高认知负荷时（High Cognitive Load），9尾数价格常常会使得消费者低估实际价格。[②] 此外，消费者对9尾数价格上涨敏感度更高，[③] 这种差

---

　　① 例如，对于定价99元和101元的商品，消费者往往会将前者模糊认知为90多元，将后者认知为100多元，从而形成两者价差超过两元的印象。

　　② 当购买的商品比较多时，人们往往难以对商品价格进行精确比较，此时可以认为是高认知负荷情形。

　　③ 比如价格从99元调整到101元，消费者认为是从90多元上涨到100多元，从而认为价格明显上涨，从99元调整到97元则不会明显感觉到价格下降。

异影响到企业定价决策，导致 9 尾数价格带来的价格粘性仅具有向上粘性。

除了 9 尾数价格模式，现实生活中还存在其他的尾数定价模式。早在 1986 年，Cecchetti（1986）发现在自动售货机和便利店出售的商品中，以数字 0 和 5 作为尾数的价格非常常见。由于这种定价模式可以减少交易过程中找零的数量，因此将这种价格称为方便价格（Convenient Prices）（Knotek，2008）。Levy 和 Young（2004）发现 6.5 盎司可乐的名义价格在 1886—1959 年间固定为 5 美分，也是一个典型的方便价格的例子。那么，方便定价模式会导致价格粘性吗？Knotek（2008）通过构建模型模拟公司的定价决策，发现方便定价模式会影响公司的调价行为，降低方便价格的调整概率。利用来自美国的商品和服务价格数据集，Knotek（2011）进一步发现对于需要排队购买、使用现金购买以及通常单独出售的商品，零售商偏好采用 0 和 5 作为价格尾数，并发现这种所谓的方便价格比其他价格表现出更高的粘性。

就目前的研究而言，上述两种尾数定价模式最为常见。但事实上，正如 Levy et al.（2011）指出的，不同国家尾数定价模式受其文化传统的影响，表现出一定的差异，带有浓厚的文化特征。有证据表明，在中国（包括香港、台湾）、日本、马来西亚等亚洲国家，最为常见的价格尾数是数字 8 而不是数字 9（Heeler 和 Nguyen，2001；Simmons 和 Schindler，2003；Nguyen et al.，2007；Schindler，2009；Yang，2011）。特别是在中国文化中，数字的发音也可能代表着好运或不幸，其中最典型的吉利数字是 8，因为读音像"发"而受到偏爱（Lip，1992；Schmitt 和 Pan，1994），比如在香港，约 50% 的餐馆菜单抽样价格为 8 尾数，并被定价者称为"快乐尾数"（Happy Ending）（Heeler 和 Nguyen，2001）（2008 年北京奥运会的开幕时间定在 2008 年 8 月 8 日晚 8 时 8 分 8 秒，官方虽没有明确说明这个时间和吉祥数字有关，但作为中国人都"心照不宣"地认可数字背后的吉祥意义，向全世界展示了中国的数字文化。其他类似的对数字 8 的偏爱现象更是随处可见，人们甚至愿意为吉利数字代表的吉祥含义付出不菲代价，比如高价购买尾数为 8 的电话号码和车牌号码。在某种程度上，尾数为 8 的电话号码和车牌号码已经成为财富、身份、社会关系的一种隐含的象征。）而数字4则因为读音像"死"而受到回避（Simmons 和 Schindler，2003；陶芸，2013），根据一项医学自然实验研究结果，生活在美国的中国和日本籍心脏病人在每个月的第四天出现死亡高峰，而美国籍白人并没有这种现象，在控制其他因素的影响后，发现这种现象与不吉利数字4的文化内涵带来的压力显著相关（Phillips et al.，2001）。

　　数字偏好的存在可能会影响商品市场的定价决策。一方面，定价者会选择消费者偏好的吉利数字作为价格尾数，同时尽量避免不吉利数字，形成吉利尾数定价现象①。另一方面，根据尾数定价理论，吉利尾数定价模式可能会影响定价者的价格调整行为，成为商品市场名义价格粘性的来源之一。现有的研究中，Yang（2011）手工收集2007年中国北京地区的餐馆、超市以及百货商店的零售价格数据，考察了数字文化对定价模式的影响，发现价格尾数中最受欢迎的数字为8，同时尽量回避4，证明商品市场的确存在吉利尾数定价现象。此外，中国资本市场也存在吉利数字偏好现象（He 和 Wu，2006），股票市场的价格尾数存在明显的8多4少现象（饶品贵、赵龙凯、岳衡，2008），并发现这种"8崇拜"能够影响投资行为并导致了金融资产价格"异象"（赵静梅和吴风云，2009）。但到目前为止，现有研究主要局限于吉利数字偏好现象及其对定价模式的影响，还没有出现吉利尾数定价模式对商品市场价格粘性影响的有关研究。虽然 Levy et al.（2011）指出不同国家的文化背景会对尾数定价模式产生影响，需要结合文化因素考察不同尾数定价模式对价格粘性的影响，但并没有展开研究。与此较为相关的一项研究来自 Cai et al.（2007），他们研究了中国数字文化对股票市场的价格集聚和价格调整的影响，发现文化因素不仅有助于解

---

　　① 在亚太地区，商家发现消费者的吉利性偏好是提升产品销量可利用的有效因素（Schmitt 和 Pan，1994），其中吉利数字与词汇具有最为普遍的影响，突出体现在商品价格的尾数以及商品的品牌名称上。人们也愿意为这些吉利数字代表的吉祥含义付出代价，Block 和 Kramer（2009）在对吉利数字偏好与期望效果的研究中，发现吉利数字通过提升消费者预期效用，能够影响消费者行为，比如中国台湾的消费者愿意多花费50%的钱去购买8只装的网球而不是10个网球的包装。

释中国股票市场的价格聚集，而且会导致价格调整形成阻力点（Resistance Points），他们的研究预示着数字文化对商品市场定价模式和价格调整行为可能具有类似的影响。

6.3 数据获取与处理

6.3.1 数据来源与获取方法

本章的数据来源于中国最大的综合性网络零售交易平台"天猫商城"。获取数据的具体步骤如下：首先，在每天的固定时间，利用网络文本提取软件访问"天猫商城"公共网页，分析页面源代码，识别并抽取目标信息，保持为可扩展标记语言（Extensible Markup Language，XML）格式。第二，对 XML 文件进行"清洗"，去除文件中的标签等无用信息。例如价格信息包含在两个"Price"标签之间，可根据这两个标签进行定位，提取标签之间的有效内容。第三，对"清洗"后的文件进行模式识别，得到需要的最终信息。模式识别的过程较为复杂，需要用正则表达式精确定义识别规则，并据此对文本进行模式匹配。最后，将经过清洗和模式识别后的信息添加到木地数据库。

6.3.2 数据处理

微观数据通常存在缺失值、异常值等问题，本章进行如下处理：（1）数据缺失问题。本章的原始数据由软件自动上网采集，偶尔会出现断网或软件崩溃的情况，从而导致数据缺失。参照文献的常用做法，用缺失前的价格记录对缺失数据进行补齐。（2）异常值问题。对价格序列进行排序，剔除价格小于 1% 和大于 99% 百分位数的商品数据（Nakamura 和 Steinsson，2008；金雪军等，2013）。（3）样本期问题。由于产品下架或推出新品，会导致样本数据的观测天数不同，特别是部分新上架商品的连续观测天数可能较短。为保证样本的观测时期足够长，剔除样本期小于

180 天的观测。（4）识别促销价格。根据 Nakamura 和 Steinsson（2008）的研究，促销价格具有两大特征：一是与促销价格持续时间较短；二是促销结束后的价格会恢复到原来价格，即价格变化呈现明显的"V 型"模式。本章将降价持续时间小于 15 天且具有"V 型"特征的价格变化定义为促销。

6.3.3　数据描述性统计

经过上述处理后的最终数据集，涵盖来自"天猫商城"的约 150 万种商品和服务的品名、价格、分类等信息，时间跨度从 2010 年 12 月至 2013 年 2 月，共有 806 天超过 4 亿条的连续观测。按照数据集中包含的分类信息进行统计，所有网络商品和服务的种类共 871 类。为便于进一步分析，本章基于国家统计局的《2010 年统计报表制度》分类标准，把网络分类与国标分类进行手工匹配。匹配后共有 166 个基本分类，相当于覆盖了 CPI 篮子的 63.3%。最后把 166 个基本分类划分为 8 个大类。这 8 个大类分别是食品、烟酒及用品、衣着、家庭设备用品及服务、医疗保健及个人用品、交通和通信、娱乐教育文化用品及服务、居住。[①] 表 6-1 列出了数据的描述性统计结果。

表 6-1　网络数据的描述性统计单位：元

分类	观测值	商品数	最小价格	最大价格	中位数	平均价格	标准差
全部商品	419998022	1493483	2.00	1995000	99.00	762.32	10479.83
食品	37697468	118654	2.00	680000	29.00	114.48	2513.23
烟酒	14252416	22956	2.48	368000	150.00	603.61	2554.56
衣着	88664369	332235	2.00	480000	93.00	177.2	777.37
家庭	75150150	279973	2.00	1000000	99.00	509.42	2203.43
医疗	96213554	385678	2.00	1995000	112.00	1653.21	19933.64
交通	17561381	39064	2.00	249000	422.00	972.32	1713.47
教育	76415337	294699	2.01	1430000	149.46	892.29	4461.55
居住	14043347	20224	2.18	121000	218.00	754.25	2637.42

从表 6-1 第 2 行的全体商品统计结果看，网络商品的价格区间跨度较大。中位数价格远小于平均价格，表明低价商品数量较多。表 6-1 剩余几

---

① 为行文方便，简记为食品、烟酒、衣着、家庭、医疗、交通、教育和居住。

行的分类统计结果表明，不同类别商品的价格差异比较明显。中位数价格的区间从 29 元到 422 元不等，其中食品类的中位数价格最低，为 29 元；交通类的中位数价格最高，为 422 元。不同类别商品占全部商品数量的比例略有差异，食品（7.94%）、衣着（22.25%）、家庭（18.75%）、医疗（25.82%）、教育（19.73%）类商品比例较高，交通（2.62%）、烟酒（1.54%）、居住（1.35%）类商品占比较低。但从绝对数量看，即便是商品数量较少的居住、烟酒和交通类也都有超过两万种商品。总体而言，本章数据的主要特点是样本量大、产品种类丰富、定价主体多元、高频和高 CPI 覆盖率，能够有效降低观测误差并保证研究结论的一般性。

6.4 典型事实

6.4.1 尾数分布

在既有文献中，价格尾数一般是指价格最右边的数字，比如某商品的价格为 8.9 元，则该商品的价格尾数是 9。我们也采用这种方法来定义价格尾数，对数据集中的每一个商品价格，截取该价格最右边的一位数字，以此形成的价格尾数序列作为本章的考察对象。遵循大多数文献（Levy et al.，2011；Yang，2011），我们验证中国商品市场是否存在特定数字偏好的实证策略是：如果零售商定价行为不存在数字偏好，那么商品价格最后一位数字在 0 到 9 之间是等概率出现，即每个数字作为价格尾数的概率为10%。[①] 因此，可以检验商品价格尾数的各个数字出现的频率是否服从均匀分布，如果不服从均匀分布，某些数字在价格尾数序列中出现的概率会显著高于其他数字，则表明商品定价行为存在数字偏好现象。表 6-2 报告了价格尾数的频率分布结果。

---

① 根据 Yang（2011）基于中国数据的研究，如果商品市场没有特定数字偏好的影响，数字 0 到 9 在价格尾数中出现的频率的确遵循离散均匀分布。这表明，不存在数字偏好时商品价格尾数服从均匀分布是一个合理的假设。

表 6-2　商品价格的尾数频次分布（%）

价格尾数	全部	食品	烟酒	衣着	家庭	医疗	交通	教育	居住
0	13.04	17.02	12.95	12.07	12.36	12.03	16.08	14.38	7.74
1	4.90	2.84	3.58	6.55	4.49	4.45	3.17	4.84	6.04
2	7.05	7.87	5.55	7.63	7.25	7.03	4.99	6.24	9.02
3	4.18	3.87	3.09	4.55	4.06	3.86	2.68	4.61	4.44
4	2.41	2.74	2.46	2.16	2.35	2.31	1.49	4.42	1.40
5	11.14	8.36	12.17	5.59	13.76	13.95	21.09	11.66	8.20
6	8.05	8.85	7.61	8.78	8.07	8.83	4.90	6.32	6.99
7	4.85	4.73	3.17	5.36	4.88	5.01	2.41	2.85	4.33
8	24.55	29.44	32.51	26.18	24.26	25.41	24.06	19.60	36.76
9	19.84	14.29	16.92	21.13	18.52	17.11	19.13	25.07	15.09
观测值（万）	41999	3769	1425	8866	7515	9621	1756	7641	1404
x^2 检验 P 值	<0.000	<0.000	<0.000	<0.000	<0.000	<0.000	<0.000	<0.000	<0.000

注：用加粗斜体标示出最受偏好和最不受偏好的价格尾数，可以看出，除了教育类商品，最受偏好的数字是 8，最不受偏好的数字是 4。

根据表中最后一行卡方检验 P 值的结果，无论是总体样本还是分类样本，卡方检验都在 1% 的置信水平拒绝 0 ～ 9 这 10 个数字是均匀分布的零假设，表明零售商在定价时，存在数字偏好现象。具体而言，根据表 6-2 第 2 列总体样本的价格尾数频率分布结果，数字 8 最受偏好，约 24.55% 的价格尾数是 8，在所有数字中出现的频率最高。其次是数字 9，在价格尾数中出现的频率为 19.84%，表明数字 9 也是偏好程度较高的数字。价格尾数中出现频率超过 10% 的数字还有 0 和 5，所占比例分别为 13.04% 和 11.14%。以上述四个数字结尾的价格占所有价格的比例超过 68%，以其他 6 个数字作为结尾的价格则仅约占 31%，其中最不受偏好的数字是 4，在价格尾数序列中出现的频率最低，仅为 2.41%。在八大类商品的尾数分布结果中，大多数类别呈现了相同的规律，即数字 8 最受偏好。

与 Levy et al.（2011）基于美国数据发现 9 尾数定价占主导地位的研究结论不同，本章研究表明中国商品市场最主要的定价模式是 8 尾数定价模式。本章的实证结果表明数字 8 是最受欢迎的价格尾数，同时回避 4 尾数，表现出明显的数字文化特征，意味着中国传统文化中的吉利数字偏好在商品市场定价决策中发挥了作用。同时，本章发现在价格尾数中数字 9 出现的频率仅次于数字 8，表明 9 尾数定价模式也是典型的定价模式。此外，0

尾数和 5 尾数的比例均超过 10%，说明方便定价也是主要定价模式之一。根据既有研究（Bouhdaoui，2012），对于使用现金购买的商品，零售商一般会采用方便定价模式，以便减少找零数量，节约交易时间，提升交易效率。目前中国的网络购物支付方式多样化，网银、支付宝等支付方式虽然得到认可，但出于安全考虑，相当数量的消费者更青睐"货到付款"（孙道银、李桂娟，2010），因此，部分零售商可能会偏好方便定价模式以降低"货到付款"的交易成本，提升交易效率。

6.4.2　尾数组合分布

接下来考察商品价格尾数组合的频率分布。在中国文化中，人们回避某些不吉利数字组合，同时会偏好某些幸运的组合。数字组合往往能够加强单个数字所蕴含的寓意，两个连续的不吉利数字组合，比单独的不吉利数字更糟，而两个连续的吉利数字，可能比单独的幸运数字更受欢迎（Yang，2011）。比如人们不喜欢"74"组合，因为听起来像"去死"，如果是"98"组合则会受到欢迎，因为听起来像"久发"。本章通过考察商品价格尾数组合出现的频率分布来验证是否存在对数字组合的偏好。

尾数组合由价格最右边的两位数字构成，如果价格中含有小数位，则将其转换为整数，比如价格中有一位小数，则乘以 10，如果有两位小数，则乘以 100。根据转换后的价格序列，截取每个价格最右边的两位数字作为价格尾数组合。两位数字有 100 种可能的组合，如果符合均匀分布，每个尾数组合出现的概率应该为 1%。我们在表 6-3 中报告了 10 组在尾数组合序列中出现频率最高的数字组合和 10 组出现频率最低的数字组合，分别称为最受欢迎的组合和最讨厌的组合。

表 6-3　尾数组合的频率分布

排序	总体	食品	烟酒	衣着	家庭	医疗	教育	居住
最受欢迎的 10 组尾数组合								
1	99（6.17%）	98（4.60%）	99（7.28%）	99（4.77%）	99（7.60%）	99（4.86%）	99（8.39%）	88（11.3%）
2	98（3.96%）	99（3.93%）	98（5.59%）	98（4.12%）	98（4.41%）	98（4.20%）	69（2.78%）	98（5.84%）

续表

排序	总体	食品	烟酒	衣着	家庭	医疗	教育	居住
3	88 (3.22%)	28 (3.65%)	88 (5.08%)	68 (3.58%)	80 (3.73%)	88 (3.45%)	79 (2.77%)	99 (5.41%)
4	68 (3.09%)	88 (3.54%)	68 (3.80%)	28 (3.04%)	88 (3.35%)	68 (3.41%)	68 (2.48%)	68 (3.93%)
5	28 (2.91%)	68 (3.40%)	58 (3.51%)	88 (3.01%)	28 (2.87%)	80 (3.09%)	39 (2.42%)	58 (3.60%)
6	58 (2.61%)	38 (3.04%)	28 (3.17%)	58 (2.80%)	68 (2.85%)	00 (3.08%)	28 (2.30%)	28 (3.59%)
7	80 (2.44%)	58 (2.85%)	18 (2.97%)	39 (2.46%)	38 (2.36%)	28 (3.03%)	29 (2.27%)	78 (2.94%)
8	38 (2.37%)	25 (2.74%)	80 (2.90%)	38 (2.42%)	18 (2.26%)	58 (2.55%)	35 (2.26%)	38 (2.89%)
9	39 (2.32%)	18 (2.67%)	38 (2.72%)	59 (2.32%)	58 (2.22%)	38 (2.24%)	59 (2.09%)	69 (2.79%)
10	18 (2.07%)	48 (2.59%)	78 (2.06%)	69 (2.25%)	00 (2.11%)	18 (2.09%)	25 (2.00%)	80 (2.79%)
最讨厌的10组尾数组合								
91	47 (0.22%)	73 (0.20%)	57 (0.20%)	77 (0.21%)	31 (0.22%)	41 (0.23%)	91 (0.26%)	71 (0.04%)
92	07 (0.22%)	41 (0.19%)	31 (0.20%)	74 (0.20%)	41 (0.22%)	47 (0.23%)	83 (0.26%)	14 (0.04%)
93	37 (0.22%)	74 (0.19%)	41 (0.19%)	31 (0.20%)	71 (0.22%)	61 (0.23%)	31 (0.25%)	34 (0.03%)
94	41 (0.21%)	03 (0.19%)	73 (0.18%)	41 (0.20%)	74 (0.20%)	74 (0.23%)	37 (0.24%)	52 (0.03%)
95	54 (0.20%)	57 (0.18%)	37 (0.17%)	07 (0.19%)	73 (0.20%)	17 (0.20%)	87 (0.23%)	54 (0.02%)
96	17 (0.19%)	61 (0.17%)	51 (0.16%)	47 (0.19%)	57 (0.20%)	07 (0.20%)	53 (0.22%)	27 (0.01%)
97	77 (0.19%)	77 (0.17%)	77 (0.15%)	61 (0.19%)	37 (0.19%)	57 (0.19%)	82 (0.21%)	13 (0.01%)
98	57 (0.18%)	67 (0.16%)	47 (0.15%)	57 (0.18%)	47 (0.19%)	71 (0.19%)	67 (0.21%)	33 (0.01%)
99	71 (0.18%)	07 (0.13%)	44 (0.11%)	37 (0.18%)	61 (0.18%)	73 (0.18%)	57 (0.19%)	11 (0.01%)
100	74 (0.16%)	71 (0.13%)	71 (0.10%)	71 (0.16%)	77 (0.17%)	77 (0.17%)	61 (0.19%)	74 (0.01%)

注: 括号中的数字是该组合在所有尾数组合中所占的比例, 即尾数组合的出现频率。

根据表6-3第2列的结果, 可以发现两个特征, 一是出现频率较高的尾数组合中几乎都包含数字 8，比如 98、88、68 等尾数组合，在最受欢迎的 10 组尾数组合中，有 8 组含有数字 8。在最讨厌的组合中，出现最多的数字则是 4 和 7，比如 47、41、37、54 这种数字组合。二是受欢迎的尾数组合频率至少是均匀分布频率的两倍，而最讨厌的尾数组合频率远低于均匀分布频率，表明存在明显的尾数组合偏好现象。本章考察八大类商品价格的尾数组合，发现了类似的模式。如表 6-3 后面几列所示，最受欢迎的 10 组尾数组合中，大部分商品价格包含数字 8，同样地，大部分最不受欢迎的尾数组合都包含数字 4 和 7。

值得注意的是，在总体尾数组合样本中出现频率最高的数字组合是 99。在八大类观测结果中，除了食品类和居住类最受欢迎的组合分别是 98 和 88 外，其他六类商品最受欢迎的组合都是 99。这种现象的可能原因在于，一方面，中国文化中 9 是一个"至尊"数字，双 9 则是一个极其幸运的数字组合。另一方面，在美国和其他西方国家，零售价格包含"99"尾数是一种常见的营销手法，中国四十年的开放政策使得西方营销手法在中国得以大量运用。在这双重效应的影响下，使得 99 组合成为定价者最受青睐的数字组合，这也与 Yang（2011）的结论一致。

6.4.3　动态考察

前文证实了中国商品市场存在明显的吉利数字偏好现象，属于吉利数字偏好与尾数定价模式典型事实的静态分析。接下来运用马尔科夫分析法，从价格调整动态角度出发，构造马尔科夫转移概率矩阵（Quah，1996，1997；Levy et al.，2011），分析价格尾数分布的动态演变过程，考察数字偏好对价格调整的影响。马尔可夫分析法将价格尾数作为离散状态的马尔可夫过程，该过程假设价格尾数序列具有"无后效性"，即在已知价格尾数"现在状态"的条件下，价格尾数"未来状态"的条件概率分布与其"过去状态"无关。在这一假设前提下，可以计算出价格尾数的概率转移矩阵，判断价格尾数分布的动态变化趋势。由概率论可知，当状态概率的理论分布未知时，若样本容量足够大，可以用样本分布近似描述状态的理论分布，因此，我们用价格尾数的转移频率来近似地估计转移概率。由于价格尾数中只可能出现 0 到 9 这 10 个数字，因此共有 10 个状态。当价格发生变化时，每种状态有 10 种转移的可能性，需要用 100 个转移概率来描述。表 6-4 报告了 10 种状态转移概率矩阵的计算结果，转移矩阵中的元素表示当价格发生变化时，当期的价格尾数转移到下期另一个价格尾数的概率。转移概率经过了标准化处理，表中所有的概率之和为 1。

由转移概率矩阵可以看出：（1）尾数 8 的稳定性最高。转移矩阵中对角线元素的值表示当价格发生变化时价格尾数在下一期仍保持上一期状态的概率，该值越大，代表着价格尾数维持现状的稳定性越强。可以看到，尾数 8 的稳定性最强，7.35% 的 8 尾数在价格发生改变后仍然是以 8 为尾数。稳定性相对较强的其他尾数分别是 9、5、0，转移概率分别是 6.44%，5.04% 和 3.74%。稳定性较弱的尾数是 3 和 4，比如尾数 4 的对角线转移概率是 0.96，表 6-4 尾数价格下期仍然以 4 为尾数的概率仅为 0.96%。（2）当期的非 8 尾数在下一期转向 8 尾数的概率较高。当价格发生变化时，大多数非 8 尾数在下期转向 8 尾数。如表 6-4 第 9 列所示，当价格发生变化时，尾数 0、2、4、5、6、8、9 在下期转移为 8 尾数的概率大于转向其他尾数的概率，仅 1、3、7 尾数转向 9 尾数的概率略大于转向 8 尾数的概率。由上述价格尾数分布的动态演变过程可以发现，厂商调价行为最显著的特征是偏好保持 8 尾数不变，意味着价格调整方式是保持尾数不变而调整其他位置上的数字。这种特殊的调价方式意味着当成本发生小幅度变化时，商家并不会跟随调价。比如某件商品的价格是 5.8 元，根据厂商保持尾数不变而调整其他位置数字的调价方式，商家偏好的调价方式可能是从 5.8 元调整到 6.8 元，此时只要商品成本的变化小于 1 元，商家都会选择保持价格不变，由此产生价格粘性。

表 6-4　10 种状态马尔科夫链转移概率矩阵（%）

当期尾数	下期尾数									
	0	1	2	3	4	5	6	7	8	9
0	3.74	0.30	0.56	0.19	0.48	1.00	0.56	0.18	0.95	0.66
1	0.29	1.39	0.47	0.31	0.26	0.54	0.38	0.18	1.48	1.57
2	0.54	0.50	1.53	0.30	0.65	0.57	0.97	0.17	2.11	1.39
3	0.19	0.33	0.30	0.75	0.27	0.50	0.28	0.19	0.64	1.19

续表

当期尾数	下期尾数									
	0	1	2	3	4	5	6	7	8	9
4	0.47	0.27	0.64	0.28	0.96	0.38	0.67	0.14	1.20	0.73
5	1.00	0.56	0.58	0.50	0.37	5.04	0.51	0.32	2.26	2.10
6	0.56	0.41	0.99	0.29	0.66	0.51	1.69	0.25	3.08	0.81
7	0.17	0.19	0.17	0.20	0.14	0.32	0.25	0.39	0.39	0.47
8	0.93	1.59	2.15	0.65	1.21	2.28	3.13	0.40	7.35	2.60
9	0.61	1.64	1.41	1.22	0.73	2.11	0.77	0.47	2.51	6.44

注：用加粗斜体标示出转移概率最高的三种情况。

6.5 计量分析

6.5.1 均值差异检验

本节首先采用均值差异检验考察不同价格尾数对价格变化大小和价格持续时间的影响是否有显著不同。一般而言，价格能够灵活调整时，价格调整幅度较小。如果价格调整较为缓慢，则其后续的价格调整幅度可能超过总体价格调整幅度的平均水平（Kashyap，1995）。直觉上，由于中国商品市场存在吉利数字偏好和相应的尾数定价模式，则以吉利数字作为尾数的价格保持不变的时间可能更长，同时价格调整幅度更大。我们通过均值差异检验来验证这一结论，结果见表6-5，其中左半部分是以8尾数和非8尾数价格的平均变化大小为比较对象，右半部分是以8尾数和非8尾数价格的平均持续时间为比较对象。

从表6-5左半部分可以看出，总体商品中8尾数价格的平均变化大小是105.39元，与此形成鲜明对比的是，非8尾数价格仅81.74元的变化，两者具有29%的差异，且在1%的置信水平上显著。八大类商品的8尾数价格变化都显著大于非8尾数，其中差异最大的是烟酒类商品，具有88%的差异，差异最小的是家庭用品，具有16%的差异。具体而言，食品、烟酒、衣着、家庭、医疗、教育、交通、居住类商品8尾数价格的平均价格变化是36.07元、326元、75.64元、191.6元、103.6元、85.37元、71.44元、

120.4元，相应的非8尾数价格平均价格变化分别是23.46元、173元、59.4元、165.3元、71.83元、65.02元、55.09元、87.3元。也就是说，8尾数价格变化幅度高于非8尾数价格变化幅度分别为54%、88%、27%、16%、44%、31%、30%、38%。上述均值差异在1%的置信水平上均具有统计显著性。

表6-5右边栏是不同尾数价格保持不变的平均时间，可以直观地衡量价格调整灵活性。某个价格保持不变的时间越长，意味着价格发生变化的概率越小，代表价格粘性较高。本章发现，总体而言，8尾数价格保持不变的平均时间为33.63天，非8尾数价格的平均时间25.77天，两者具有30.5%的差异且具有统计显著性。分类结果也表现出类似的结果，按照表中所列的顺序，从食品类到居住类商品的8尾数价格平均持续时间是39天、40天、31天、31天、36天、28天、36天、45天，相应的非8尾数价格的平均持续时间分别是28天、30天、24天、24天、27天、21天、29天、32天，八类商品的8尾数价格持续时间高于非8尾数价格的比例分别为40%、32%、30%、32%、35%、34%、22%、37%。上述检验结果表明，8尾数价格和非8尾数价格的平均持续时间和变化大小的确具有系统性差异。具体而言，8尾数价格平均持续时间更长，意味着8尾数价格的调整更为缓慢。当发生价格调整时，8尾数价格的平均调整水平大于非8尾数价格平均变化大小。由于价格持续时间和价格调整幅度都是衡量价格粘性程度的指标，上述结果直观地表现了吉利数字偏好对商品价格粘性的影响。

表6-5　均值差异检验结果

分类	价格均值				时间均值			
	8尾数	非8尾数	均值差异	T值	8尾数	非8尾数	均值差异	T值
总体	105.39	81.74	23.65***	46.85	33.63	25.77	7.86***	56.57
食品	36.07	23.46	12.61***	8.71	39.36	28.07	11.29***	30.74
烟酒	326.00	173.00	153.00***	35.1	39.86	30.3	9.56***	10.28
衣着	75.64	59.4	16.24***	33.31	31.25	23.95	7.3***	26.74
家庭	191.6	165.3	26.3***	20.96	31.03	23.58	7.45***	21.85
医疗	103.6	71.83	31.77***	56.22	36.3	26.79	9.51***	39.44
交通	85.37	65.02	20.35***	14.03	27.85	20.75	7.1***	8.98
教育	71.44	55.09	16.35***	20.13	35.89	29.45	6.44***	10.95
居住	120.4	87.3	33.1***	15.12	44.6	32.45	12.15***	11.15

注：***、**、*分别表示估计系数在1%、5%、10%的水平上显著。

6.5.2　Logit 模型回归检验

6.5.2.1　估计方法与变量定义

在有关价格粘性程度的测度文献中，价格调整频率和价格持续时间指标是等价的，若记价格持续时间为 D，价格频率为 F，则两者的关系为：$D=-1/\ln(1-F)$（Nakamura 和 Steinsson，2008）。从公式可以看出，价格调整频率越低，则价格持续时间越长，意味着价格粘性程度更强。在大样本条件下，价格调整频率近似为价格调整概率。在经验研究文献中，可以通过考察解释变量对价格调整概率的影响来估计价格粘性的影响因素。本章使用 Logit 模型估计特定尾数定价方式对价格调整概率的影响，寻找尾数定价导致价格粘性的直接证据。具体而言，借鉴 Levy 等（2011），在 Logit 回归模型中，被解释变量为商家是否调整价格的虚拟变量 Y，发生价格变化时 $Y=1$，没有发生价格调整时 $Y=0$，并使用最大似然法估计如下变量系数：

$$\ln[q/(1-q)]=\alpha+\beta_1 8\_End_{jt}+\beta_2 4\_End_{jt}+\beta_3 9\_End_{jt}+\beta_4 0\_End_{jt}$$
$$+\beta_5 Sale_{jt}+\beta_6 Import_{jt}+\beta_7 Holiday_{jt}+\beta_8 Holiday_{jt}\times 8_{jt}$$
$$+\beta_{10} Holiday_{jt}\times 4_{jt}+\varepsilon_t \tag{6.1}$$

其中 q 表示 $Y=1$ 的概率。是 8_End_{jt} 尾数虚拟变量，如果产品 j 的价格在时间 t 以 8 为尾数则取 1，否则取 0。由于 8 是受偏好的吉利数字，以 8 为尾数的价格调整概率可能会较低，因此预期 8 尾数虚拟变量的系数为负。4_End_{jt} 是 4 尾数虚拟变量，如果产品 j 的价格在时间 t 以 4 为尾数则取 1，否则取 0。由于 4 是不受偏好的数字，因此预期 4 尾数虚拟变量的系数为正。如果这两个变量的回归结果具有统计显著性且符号方向符合预期，则可以作为吉利数字偏好影响价格粘性的证据。0_End_{jt} 是方便价格虚拟变量，根据方便价格理论（Knotek，2011），预期 0 尾数虚拟变量的系数为负。9_End_{jt} 是 9 尾数虚拟变量，根据 Levy 等（2011）的研究结论，预期 9 尾数虚拟变量的系数为负。

其余的变量是一组代表产品特征的变量，能够识别出与产品具体特征相关的效果。其中包括：$Sale_{jt}$ 是促销价格虚拟变量，促销行为对商品调价概率具有正向影响（Levy 等，2011），因此预期 $Sale_{jt}$ 虚拟变量的系数为正。$Import_{jt}$ 是进口虚拟变量，根据金雪军等（2013）的研究，进口品和非进口品的价格粘性不同，这可能会影响价格调整概率，因此考虑该变量的影响。$Holiday_{jt}$ 是节日虚拟变量，根据已有研究（Levy et al., 2010），节日期间商品价格具有更高的粘性。在中国，最重要的传统节日是春节，借鉴饶品贵等（2008）的做法，本章把节日定义为春节所在的月份，考察节日期间的价格粘性是否不同。此外，人们对吉利数字的偏好在不同的时间可能会有所不同，比如在节日期间，人们更加注重好兆头和吉利象征，我们使用节日虚拟变量与价格尾数虚拟变量的交叉项，检验节日期间的吉利数字偏好对价格粘性的影响。[①]

6.5.2.2 估计结果

对于 Logit 模型而言，模型回归系数大小的经济意义较小，我们主要关心两方面的结果，一是回归系数的符号方向及其统计显著性，可以反映解释变量与被解释变量之间是正相关还是负相关关系，二是通过对回归系数取反对数得到的优势比率（Odds Ratios，简记为 OR 比率），能够反映解释变量到底在多大程度上影响被解释变量。在表 6-6 的估计结果中，给出了每个虚拟变量的估计系数及其显著性水平，并在括号中给出相应的优势比率。

表 6-6 共有五个回归结果，我们依次来看。Model 1 报告 8 尾数与价格调整概率的回归结果，可以发现 8 尾数虚拟变量的估计系数为负且在 1% 水平上具有统计显著性，表明 8 尾数价格与价格调整概率之间是负相关关系，这意味着 8 尾数价格具有较高价格粘性。OR 比率为 0.7，意味着 8 尾数价格改变价格的可能性比非 8 尾数价格低 30%。在代表产品特征的其他控制变量中，促销虚拟变量的回归结果显著为正，说明促销行为会加大价格调整的概率，与既有研究结论一致（Levy et al., 2011）。进口品的回归

---

① 要指出的是，影响价格粘性的因素有很多，比如菜单成本、信息成本、市场结构、行业集中度、隐形契约等等（Blinder et al., 1998），这些因素通常反映市场环境或者制度层面的不同特征对价格粘性的影响。由于这些因素在不同尾数价格之间并无区别（Levy et al, 2010, 2011），可以认为这些因素与本章的解释变量不相关。因此，即便没有将代表这些因素的变量放入本章回归模型，亦不用太担心遗漏变量会导致内生性问题。

系数为负，但不显著。节日虚拟变量的回归结果为负数，OR 比率远小于 1，表明中国商品市场存在较强的节日效应，即假日期间价格调整的概率下降，与 Knotek（2011）的研究一致。8 尾数与节日变量交叉项的回归结果为负，但 OR 比率接近于 1，表明节日期间 8 尾数和非 8 尾数的价格调整概率比较接近。

Model 2 报告 4 尾数与价格变化概率的回归结果。4 尾数虚拟变量的估计系数显著为正，OR 比率大于 1，表明 4 尾数价格调价的概率大于非 4 尾数，4 尾数价格的粘性程度相对较低，符合我们的预期。对于节日变量与 4 尾数变量的交叉项而言，由于节日变量对价格调整概率是负向影响，4 尾数的数字偏好效应对价格调整概率是正向影响，因此交叉项的回归结果符号方向无法预期。如果节日效应大于数字偏好效应，则回归结果应该为负，反之则说明数字偏好效应大于节日效应。Model 2 的回归结果表明，交叉项的回归结果为正，说明数字偏好效应大于节日效应，人们在节日期间对数字 4 的回避会更加强烈。表明在节日期间，人们更加注重好兆头，回避不吉利的象征。总体而言，从 Model 1 和 Model 2 的回归结果，可以看出商品市场定价者对不同数字存在"爱憎分明"的态度，这种态度能够影响不同尾数价格调整的概率，从而表现出不同的价格粘性。

Model 3 和 model 4 分别报告 9 尾数与 0 尾数虚拟变量的回归结果，9 尾数和 0 尾数变量与价格调整概率均为负相关关系，分别与 Levy et al.（2011）和 Knotek（2011）的结论一致，表明在中国商品市场，9 尾数定价和方便价格定价对价格粘性也具有显著影响。Model 5 报告了不同定价方式和其他影响因素共同作用的回归结果，发现 8 尾数、9 尾数和 0 尾数虚拟变量的系数均显著为负，4 尾数虚拟变量的回归系数显著为正，符合我们的预期。根据 Model 5 的 OR 比率结果，8 尾数虚拟变量的 OR 比率比其他尾数虚拟变量的 OR 比率小，一定程度上表明 8 尾数定价模式对价格粘性的影响比其他两种定价模式的影响要大。

表 6-6 Logit 模型回归结果

变量	Model 1	Model 2	Model 3	Model 4	Model 5
8_End	−0.4035*** （0.668）				−0.3383*** （0.713）
4_End		0.1655*** （1.179）			0.0913*** （1.096）
9_End			−0.0692*** （0.933）		−0.0937*** （0.911）
0_End				−0.1111*** （0.895）	−0.1335*** （0.875）
Sale	2.6980*** （14.851）	2.6877*** （14.698）	2.6919*** （14.760）	2.7000*** （14.880）	2.6804*** （14.591）
Import	−0.1685 （0.845）	−0.1691* （0.844）	−0.1713* （0.843）	−0.1685* （0.845）	−0.1713* （0.843）
Holiday	−0.9533*** （0.385）	−0.9706*** （0.379）	−0.9585*** （0.383）	−0.9577*** （0.384）	−0.9698*** （0.379）
Holiday8	−0.0202** （0.980）	/	/	/	−0.00445** （0.996）
Holiday4	/	0.1918*** （1.211）	/	/	0.1901*** （1.209）
常数项	−3.9098***	−3.9167***	−3.8959***	−3.8965***	−3.8701***
一致率（%）	44.9	48.7	44.9	42.8	48.9
Pseudo R^2	0.27	0.23	0.22	0.19	0.26
N（百万）	419	419	419	419	419

注：***、**、* 分别表示估计的系数在 1%、5%、10% 的水平上显著。括号中的数据为通过对斜率系数取反对数得到的优势比（Odds Ratios）。

6.5.3 稳健性检验

为检验估计结果是否具有稳健性，将总体样本分为八大类，用同样的对数回归模型对分类数据进行估计，考察不同类别之间的回归结果是否具有差异性。估计结果见表 6-7。

表 6-7 分类回归结果

变量	食品	烟酒	衣着	家庭	医疗	交通	教育	居住
8_End	−0.35*** （0.70）	−0.42*** （0.65）	−0.41*** （0.66）	−0.37*** （0.69）	−0.29*** （0.74）	−0.38*** （0.68）	−0.04* （0.96）	−0.58*** （0.55）
4_End	0.13*** （1.13）	0.08*** （1.08）	0.07*** （1.08）	0.12*** （1.13）	0.13*** （1.14）	0.26*** （1.29）	0.03*** （1.03）	0.31*** （1.36）

续表

变量	食品	烟酒	衣着	家庭	医疗	交通	教育	居住
9_End	−0.14***	−0.22***	−0.11***	−0.07***	−0.12***	0.06***	−0.04***	−0.24**
	（0.86）	（0.80）	（0.89）	（0.93）	（0.88）	（1.06）	（0.96）	（0.78）
0_End	−0.15***	−0.36***	−0.17***	−0.13***	−0.08***	−0.26***	−0.11***	0.23**
	（0.85）	（0.69）	（0.84）	（0.87）	（0.91）	（0.77）	（0.90）	（1.26）
Holiday	−0.78***	−0.94***	−1.01***	−0.98***	−0.89***	−1.17***	−0.94***	−0.32
	（0.45）	（0.38）	（0.36）	（0.37）	（0.41）	（0.30）	（0.38）	（0.72）
Import	0.14***	0.23***	−0.19***	−0.21***	−0.21***	−0.31***	0.07***	0.28
	（1.15）	（1.26）	（0.82）	（0.80）	（0.80）	（0.73）	（1.07）	（1.33）
Sale	2.80***	2.68***	2.60***	2.73***	2.89***	2.41***	2.87***	2.57***
	（16.49）	（14.65）	（13.54）	（15.35）	（18.08）	（11.21）	（17.70）	（13.09）
Holiday8	−0.09***	0.01	0.03**	−0.03*	−0.03***	−0.12***	−0.03	−1.65***
	（0.91）	（1.01）	（1.03）	（0.97）	（0.96）	（0.88）	（0.97）	（0.19）
Holiday4	0.18***	0.24	0.08***	0.15***	0.23***	0.25**	0.42***	0.95
	（1.20）	（1.28）	（1.08）	（1.17）	（1.26）	（1.29）	（1.52）	（2.58）
常数项	−4.09***	（1.52）	0.95	−3.90***	−4.08***	−3.58***	−4.04***	−4.06***
一致率（%）	46.6	（2.58）	49.8	37.9	47.7	48.0	29.4	51.8
Pseudo R^2	0.28	0.27	0.28	0.19	0.19	0.24	0.11	0.27
N（万）	3769	1425	8866	7515	9621	1756	7641	1404

注：***、**、*分别表示估计的系数在1%、5%、10%的水平上显著。括号中的数据为通过对斜率系数取反对数得到的优势比率（Odds Ratios）。

从表6-7可以发现，八大类商品的回归结果中，8尾数变量的回归系数符号方向都是负向的，除了教育类商品，其他七类的估计结果都在1%的置信水平上具有显著性。而4尾数价格的回归系数都显著为正，符合预期，说明吉利数字偏好显著影响价格调整概率。对于9尾数和0尾数价格，所有分类回归的估计系数都显著为负，与总体样本回归结果一致，表明方便价格理论和9尾数价格理论成立。代表节日效应的变量系数显著为负，说明在节日期间价格调整概率下降，节日变量和尾数变量的交叉项估计系数符号方向与总体回归结果相同，说明文化因素对价格粘性的确有显著影响。其他变量的估计结果也符合理论预期，与总体估计结果一致，表明估计结果是比较稳健的。

总体而言，本章发现中国商品市场上存在吉利数字偏好并形成8尾数定价模式，这与既有研究一致（Yang，2011）。进一步的研究发现，8尾数定价模式对价格调整概率具有负向影响，使得8尾数价格更具粘性，"吉利价格粘性强"，说明文化因素成为价格粘性来源之一，这是本章与既有研究最大的不同。此外，本章发现 9 尾数和 0 尾数与价格调整的概率均为负相关关系，证明 9 尾数定价理论和方便价格理论在中国商品市场成立。

6.6　小结

文化、心理等非经济因素对商品市场或者资本市场能否产生影响，是最近几年经济金融领域前沿课题之一。本章运用网络文本提取工具，收集来自互联网的价格数据，构建产品层面大样本微观数据集，对中国商品市场吉利数字偏好的存在性、尾数定价模式及其对价格粘性的影响进行了研究。研究表明，不同于西方国家，由于传统文化的影响，中国商品市场存在明显的吉利数字偏好现象，吉利尾数定价模式对价格调整概率具有显著影响，文化因素成为价格粘性的来源之一。

本章的研究具有启示意义：（1）不同国家或地区特殊的传统文化因素可能对商品市场的价格调整产生特殊的影响。对于理论研究来说，如果文化因素引起的尾数定价模式是价格粘性的来源，那么在我们所构建的宏观经济模型中应该体现这种因素的影响，才能更符合本国经济实际情况。本章的研究有助于深入认识和理解中国商品市场定价行为，也为构建符合中国经济实际的宏观模型提供了新的微观证据；（2）从文化习俗与市场经济关系的视角看，这意味着文化习俗不仅影响市场经济的制度基础，而且直接影响商品市场的运作模式进而对整个宏观经济产生影响，今后的研究应该深入挖掘各种文化传统等非经济因素的特点，才能更加全面细致地了解市场体系的运作情况。

7 价格粘性、调价频率与汇率传递——来自微观面板数据的证据[①]

本章利用来自"一淘商品搜索"的 16 万种进口零售商品信息，构建产品层面面板数据集，估计人民币汇率的进口价格传递效应，并探讨了价格调整行为对人民币汇率传递程度的影响。结果发现：（1）人民币汇率变动对进口商品价格的传递程度较高，短期传递率为 37.5%，长期约为 42%～46%，而且传递过程在较短时间内完成，表明升值能够较为有效地降低进口商品价格。分类研究发现，无论短期还是长期，汇率波动对食品类和工业消费品类的传递程度较为接近，都大于对服务类商品的传递率。（2）进一步选择 20 个代表性国家和地区作为样本，检验汇率传递程度的国别差异，发现越南、菲律宾、泰国等发展中经济体的汇率传递程度较高而边际成本加价的传递效应较低，欧盟、美国、日本等发达经济体的汇率传递程度较低而边际成本加价的传递效应较高，意味着需采用差别化政策来应对贸易失衡问题。（3）调价频率高的商品，平均而言，长期汇率传递至少是调价频率低的商品的 2.5 倍。根据短期汇率传递水平估计结果，发现高频调价商品的短期传递率也高于低频组。但与长期传递水平的结果相比，低频调价商品的短期和长期汇率传递程度比较接近，高频调价商品的短期传递水平远低于长期传递水平，表明价格粘性因素对低频商品的影

[①] 本章主要内容入选第十四届中国经济学年会。

响较小，但对高频组的抑制作用比较明显。

7.1　引言

汇率变动究竟在何种程度上影响进出口商品价格是国际经济学的关键问题之一。在微观层面，汇率传递程度决定了企业和家庭受到外部冲击影响的程度。在宏观层面，汇率传递程度影响一国的通胀动态和贸易平衡，对汇率制度、贸易政策、货币政策选择等一系列理论和政策问题至关重要[①]。随着中国经常账户盈余和对外依存度的不断攀升，汇率传递程度的重要性愈发凸显，引发国内外学者对人民币汇率波动的价格效应的大量研究[②]，为判断和预测汇率冲击对进出口价格、国内物价和国际收支的影响提供重要基础。

然而，当前学术界对汇率传递程度的研究主要使用宏观数据，比如总体价格指数或行业层面价格指数，无法刻画不同商品面临汇率冲击时价格变动的差异，存在较难克服的"聚集偏差"（Aggregation Bias）（Menon，1995；Mumtaz et al.，2006；Kim et al.，2013）。而且价格指数特别是消费者物价指数包括许多不受汇率影响的非贸易商品，可能导致汇率传递程度较为严重的低估（Antoniades 和 Zaniboni，2012）。在最近的一项研究中，Nakamura 和 Steinsson（2012）进一步指出，许多

[①]　有关这方面讨论的文献可参见 Betts 和 Devereux（2000）、Devereux（2001）、Devereux 和 Engel（2003）、Devereux et al.（2003）、Corsetti 和 Dedola（2005）、McCarthy（2007）、Gust et al.（2009）、Engel（2000，2002，2009，2011）等。

[②]　这些研究大致可分为两类，一类着眼于具有特定双边贸易关系的国家，考察双边汇率变动对中国总体或行业价格指数的影响，如中美双边贸易研究（黄满盈、高志存，2012；Kim et al.，2013）；另一类着眼于中国与贸易伙伴之间的关系，根据贸易伙伴的贸易权重合成有效汇率指数，研究人民币汇率指数与中国总体或行业层面价格指数的关系（卜永祥，2001；毕玉江、朱钟棣，2006；封北麟，2006；陈六傅、刘厚俊，2007；施建淮、傅雄广、许伟，2008；王晋斌、李南，2009；许伟、傅雄广，2009；周杰琦，2010；万晓莉、陈斌开、傅雄广，2011；姜子叶、范从来，2013），随着海关数据的开放，也有学者开始使用高度分解的海关数据，利用进口单位价值作为到岸价格的代理变量，研究汇率波动对进口品价格的影响（胡冬梅、潘世明，2013）。

商品价格变动以产品更替形式发生，在总体价格指数的构建过程中通常不能识别产品替换情形，也可能导致对汇率传递程度的估计偏误。考虑到宏观数据的缺陷，近来的一些研究开始使用高度分解的数据（Highly Disaggregated Data）——比如海关数据，用 HS 编码商品的单位价值（Unit Value）作为进出口商品价格的代理变量，试图获得更为准确的汇率传递程度估计值。[1] 但由于每个 HS 代码通常包含多种产品，基于 HS 编码的单位价值变化可能是由于 HS 编码内商品构成成分变化引起，而不是真正的价格变化，从而导致基于海关数据的汇率传递程度的高估（Kim et al.，2013）。[2] 此外，直接估计汇率对到岸价格数据的传递程度，没有考虑国内批发商和零售商对汇率波动的"吸收效应"，也可能夸大汇率对零售层面贸易品价格的传递度（Antoniades 和 Zaniboni，2012；Lott 和 Einav，2013）。[3]

那么，应该如何克服现有研究的不足？一个可能的方向是使用产品层面的价格数据进行估计。随着美国劳工统计局（Bureau of Labor Statistics）有条件开放其收集的消费者商品价格数据，一些学者开始使用产品层面的

---

[1] HS 编码即海关编码，为编码协调制度的简称。其全称为《商品名称及编码协调制度的国际公约》，简称协调制度（Harmonized System，缩写为 HS）。随着近年一些国家海关数据的开放，经济学家们开始基于海关编码商品的单位价值估计汇率波动的传递程度，有关这方面的文献可参见 Gaulier et al.（2008）、Auer 和 Chaney（2009）、Gopinath et al.（2010）、Berner（2010）、Kim et al.（2013）以及 Burstein 和 Gopinath（2013）的最新文献综述。

[2] 比如目前文献中最为常用的 HS4 位编码、HS8 位编码项下通常包含许多商品，即便是目前细分程度最高的 HS10 位编码数据，也不能保证每个代码项下只包含一种商品。因此，HS 编码数据最大的缺陷在于，在商品进出口过程中，即使所有商品价格不变，如果 HS 编码内商品构成成分发生变化，也会引起 HS 编码商品单位价值的变化，从而影响单位价值作为商品价格代理变量的准确性。

[3] Berger et al.（2012）和 Anderson 和 Wincoop（2004）的研究表明，批发及零售层面的加价会在到岸价（Prices at the Dock）和零售价之间产生分销成本，这种成本几乎可以解释最终零售价的 40%～60%。当汇率水平发生变动时，批发商和零售商可能会吸收一部分汇率波动导致的价格波动，即存在所谓的"吸收效应"，因此，正确测量汇率传递需要考虑分销成本的影响（Atkeson 和 Burnstein，2008；Goldberg 和 Campa，2010；Goldberg 和 Hellerstein，2013；Nakamura 和 Zerom，2010）。

价格数据对美国汇率传递程度进行估计，并讨论了价格调整频率（Frequency of Price Adjustment）、货币选择（Currency Choice）等因素对汇率传递的影响（Gopinath 和 Itskhoki，2010；Gopinath et al.，2010）。利用同样的数据集，Gagnon et al.（2014）讨论了商品价格指数构造过程中可能存在的样本选择问题及其对汇率传递的影响，Nakamura 和 Steinsson（2012）则详细讨论了使用微观数据和聚集数据对汇率传递程度的估计差异。这些研究的共识是微观数据的使用一定程度上克服了宏观数据和海关数据的不足，能够更为精确地测度汇率传递程度，同时能够对以前由于缺乏微观数据难以研究的问题——比如汇率传递程度的微观决定因素等进行探讨，代表了未来的研究方向。但目前仅少数发达国家的官方统计机构部分开放其收集的微观数据，对于发展中国家而言，这类数据还难以获得。另一种微观数据来源是扫描数据（Scanner Data）①，如 Antoniades 和 Zaniboni（2012）使用来自阿联酋 2005 年 1 月和 2010 年 12 月的 1041 家连锁超市出售的进口商品扫描数据，研究阿联酋的汇率传递程度并探讨影响汇率传递的微观因素，发现汇率传递程度与零售商的市场份额正相关，与产品的品质和替代弹性负相关。相对于官方统计机构收集的数据，扫描数据最大的问题在于仅记录成交产品的信息，存在较严重的样本选择问题，而且扫描数据主要由商业机构收集，需付费使用，成本较高，因此这类数据尚未得到广泛运用。总体而言，受制于数据来源的稀缺，目前使用产品层面微观数据研究汇率传递的研究还不多见。幸运的是，全球范围内的大数据现象为经济学家们提供了新的机会。Lott 和 Einav（2013）利用来自美国著名购物网站"eBay"（http：//www.ebay.com/）的商品价格数据研究美国汇率波动的进口价格传递效应，并从微观角度探讨影响美国的汇率传递水平的决定因素，为运用网络大数据研究汇率传递提供了范例。相对来说，网络数据的主要优势在于海量、高频、可公开获取，为微观

---

① 扫描数据（Scanner Data）是指超市、商场等零售机构出售商品时扫描商品条形码过程中记录下来的商品价格、出售数量等信息。这类数据一般每周采样一次，主要由咨询公司出于商业目的进行收集，需付费使用。

层面的研究提供了非常独特的数据来源。特别是对于绝大多数发展中国家来说，官方统计数据目前还没有放开，扫描数据也极为少见，网络数据为相关问题研究打开了一扇新的大门。

就本章主题而言，几乎都是基于宏观层面价格指数或者海关数据来研究人民币汇率传递，还没有出现基于微观数据的研究。鉴于此，本章通过收集来自互联网的商品价格数据，构建产品级大样本面板数据，估计人民币汇率波动对进口商品价格的传递效应，希望能够对现有研究构成补充。具体而言，本章与既有研究的不同之处在于：（1）使用从"一淘网"收集的进口商品价格数据作为样本，能够刻画汇率冲击对不同商品价格传递效应的异质性，避免"聚集偏差"。（2）基于进口消费者商品层面微观数据估计汇率波动的价格传递效应，一方面克服总体价格指数由于包含非贸易产品可能导致的低估，另一方面克服海关数据由于忽视分销成本等因素可能导致的高估。（3）根据进口商品的原产地（Country-of-Origin）信息，构建包含20个国家和地区的样本子集，首次对不同国家的汇率传递效应异质性进行系统考察，为差异化的双边贸易政策提供经验证据。（4）在方法层面，不同于既有研究主要使用时间序列数据和 VAR、协整、ECM 等估计方法，本章通过构建面板数据模型，采用系统 GMM 估计方法，能够刻画汇率传递动态性并克服可能的内生性问题，从而获得较为准确的短期和长期汇率传递率估计值。（5）在 Gopinath 和 Itskhoki（2010）的研究思路基础上进行拓展，区分了调价频率对长期和短期汇率传递的不同影响，首次考察价格粘性因素作用下调价频率对汇率传递的影响，是对既有研究的推进。

剩余部分结构安排如下：第二节是数据来源、数据处理与统计描述；第三节是计量模型、估计方法和数据说明；第四节报告短期汇率传递率的估计结果；第五节讨论了估计长期汇率传递率的不同方法并报告相应估计结果；第六节考察汇率传递率的国别差异；第七节考察调价频率对汇率传递的影响；第八节是本章结论和政策含义。

7.2　数据来源、数据处理与统计描述

7.2.1　数据来源

本章的商品价格数据来源于中文购物搜索引擎"一淘商品搜索"（www. etao.com）。购物搜索引擎（比如一淘、有道等）属于通用搜索引擎（比如百度、谷歌等）的一种细分，即在网上购物领域的专业搜索引擎，从购物搜索引擎获得的商品信息比通用搜索引擎获得的信息更加集中，信息也更全面，是获取网络价格的最方便途径之一（Levy et al., 2011）。"一淘"是全球最大的电子商务集团阿里巴巴旗下购物搜索引擎，可为消费者提供在线零售网站的商品价格、网站信誉、购物方便性等方面的资料，收录了国内大多数主流 B2C 网站的海量数据，包括天猫、亚马逊、京东、当当、一号店、国美电器、苏宁易购、凡客诚品等独立网站或综合购物平台的数据，是国内最早的商品购物搜索引擎。据著名流量监测排名网站 Alexa 的数据显示，"一淘"自 2010 年 10 月创建以来，一直稳居中文购物搜索类第一。本章使用网页信息提取软件 GooSeeker，每天定时扫描"一淘"的网页源代码，定位并提取网络商品的名称、价格、销量、类别等信息，经过清洗和模式识别后导入本地数据库。[①]根据商品名称、类别信息和商品描述，可以区分该商品是否属于进口商品及其原产国，且每个商品具有唯一的 ID 号和提取时间，从而可以构建商品层面的跨国面板数据集。

---

　①　获取与处理数据的具体步骤如下：首先，在每天的固定时间，利用网络文本提取软件自动访问"一淘"公共网页，分析目标页面源代码，识别并抽取目标信息，以可扩展标记语言（Extensible Markup Language，XML）格式保存到本地工作站。第二，对 XML 文件进行"清洗"，即去除 XML 文件中的标签等无用信息。例如价格信息包含在自定义的两个"Price"标签之间，可以根据这两个标签进行定位，提取标签之间的内容，得到所需要的文本信息。我们用 C# 语言编写数据清洗程序，对 XML 文件中的有效文本信息进行抽取并保存为逗号分隔符（Comma Separated Value，CSV）文件格式。第三，对文本进行模式识别，得到需要的最终信息。模式识别的过程较为复杂，需要通过正则表达式定义识别规则并对文本进行模式匹配，找出符合特定模式的文本。我们通过编写 SAS 程序对 CSV 文件中的文本进行模式识别。最后，将经过清洗和模式识别后的信息添加到本地数据库。

7.2.2　数据处理

微观数据通常存在缺失值、异常值等问题，可能对估计结果产生影响。本章参照文献中的方法对数据进行处理：（1）缺失值问题。本章的原始数据由软件每天自动采集，偶尔会出现网络连接不稳定或软件崩溃的情况，从而导致数据缺失。按照文献的处理方法（Nakamura 和 Steinsson，2012；Gagnon et al.，2014），采用缺失前的价格记录对缺失值进行补齐。此外，我们在数据收集过程中通过一定的技术手段，在事前最大程度地降低数据缺失。一是制定实验室值班制度，人工检查网络连接和软件运行情况，二是通过编写配置文件，控制爬虫软件在一定的时间间隔（24 小时）自动重启，保证每天都会启动抓取程序，由此避免价格序列出现长时期缺失的情况，尽可能降低测量误差。（2）异常值问题。首先，按照文献的通常做法，剔除价格序列中 1% 和 99% 分位数以外的样本数据。其次，借鉴 Cavallo（2012）和金雪军等（2013）的处理，将两类数据定义为异常值并予以剔除：一是价格上涨超过 500% 或者价格下降超过 90% 的值，二是价格调整比例小于1% 且持续时间小于 2 天的值。通过上述处理降低一些极端值对估计结果的影响。（3）样本期问题。根据样本首次观测和最后观测日期来计算样本期长度，为保证样本观测期足够长，剔除样本期小于 18 个月的观测。

7.2.3　统计描述

最终数据集包含来自"一淘"的 16.87 万种进口商品微观数据，时间跨度从 2010 年 12 月 6 日至 2013 年 12 月 29 日，共有超过 1.17 亿条观测。进口商品的种类非常丰富，包括图书、音像、服装、化妆品、食品、数码、电器、手机、家具等 512 种产品品类。为便于分析，本章基于国家统计局《2010 年统计报表制度》的消费商品分类标准，把网络分类划分为食品、烟酒及用品、衣着、家庭设备用品及服务、医疗保健及个人用品、交通和通信、娱乐教育文化用品及服务、居住等八大类。[①] 表 7–1 提供了数据集描

---

① 为简洁，下文分别称为食品、烟酒、衣着、家庭、医疗、交通、教育、居住。

述性统计结果。

表 7-1　价格数据集描述性统计

类别	产品数量	占总体比例	均值	标准差	最大值	最小值	中位数
总体	168702	100%	268.13	625.83	6707.00	2.01	82.25
食品	71957	42.65%	95.96	138.24	6560.39	2.01	30.00
烟酒	9773	5.79%	210.11	286.75	6399.00	3.00	133.00
衣着	12314	7.30%	538.77	850.47	6650.91	2.08	198.00
家庭	24169	14.33%	423.67	919.62	6700.00	2.02	82.80
医疗	39574	23.46%	210.74	416.52	6707.00	2.03	92.45
交通	3148	1.87%	210.74	416.52	6707.00	2.03	92.45
教育	7253	4.30%	663.64	819.04	6699.00	2.10	219.63
居住	514	0.30%	577.32	570.87	3880.00	5.20	375.00

从表 7-1 第 2 行的全体商品统计结果来看，商品价格的变化区间较大，最便宜的商品仅约 2 元，最贵的商品售价 6707 元。商品价格的标准差是平均价格的三倍，说明不同商品的价格差异较大。中位数价格为 82.25 元，意味着百元左右的商品为市场主流。从表 7-1 剩余几行的分类统计结果来看，不同类别商品之间的价格水平差异比较明显，其中食品类商品的价格较低，中位数价格为 30 元，居住类商品的价格较高，中位数价格为 375.00 元。家庭用品类商品的价格波动较大，标准差为 919.62，是其平均价格 423.67 的两倍多，这可能与家庭用品类包含的商品种类较多有关。不同类别商品数量占全部商品数量的比例具有较大差异，其中食品类的比例最高，为 42.65%，几乎占据整个进口商品市场的"半壁江山"，这种现象可能反映了在近年来层出不穷的食品安全等问题的冲击下，人们对进口食品的旺盛需求。医疗（23.46%）、家庭（14.33%）类占比也较高，这三类商品占比总和达到 80%，表明食品、家庭日用、医疗保健类商品占据了进口商品市场的绝对主体地位。占比最低的居住类仅为 0.30%，但由于数据集的大样本特征，居住类商品的绝对数量仍然超过五百种商品，交通、教育等其他类别则至少有超过三千种商品，能够保证每个类别都有足够数量的观测值。

接下来分析来自不同国家和地区进口商品的不同特征。由于进口来源国的数量较多，借鉴 Gopinath et al.（2010）的方法，本章仅选择代表性的国家作为研究样本。选择标准有两点：[①] 第一条是在样本期内海关认定的进出口商品主要国别都作为本章研究对象。同时，考虑到海关数据和网络进口数据具有差异，为了保证网络进口数量较多的国家也能够进入观测，我们设定第二条选择标准，即网络进口商品数量大于一千的国家也进入研究样本。根据第一条标准，在样本期内有 24 个国家印度尼西亚是主要贸易国家。实际上，这 24 个国家印度尼西亚中除了新加坡、俄罗斯、印度尼西亚、巴西、南非等 5 个国家外，其他 19 个国家和地区的进口商品数量都超过一千，说明海关认定的主要贸易伙伴大多数也是网络进口数量排名靠前的国家。在剩余的国家中，西班牙的进口商品数量超过一千，根据第二条标准，进入本章研究样本。因此，本章的样本中总共包括 25 个国家。表 7-2 列出了每个国家和地区进口商品的数量、种类、平均价格、集中度等描述性统计信息。

表 7-2　进口商品描述性统计信息

原产国（地区）	商品数量	商品种类	TOP-1 官方分类（数量）	TOP-2 网络分类（数量）	TOP-3 累计占比（%）	价格均值
中国香港	3330	217	医疗（751）	速食品（289）	0.50	139.08
印度	1218	50	家庭（912）	香薰用品（713）	0.89	53.11
日本	11884	359	家庭（4344）	情侣情趣（693）	0.59	204.53
韩国	37859	382	医疗（13489）	饰品（8655）	0.61	143.68
中国台湾	5539	263	食品（932）	果冻布丁（403）	0.42	169.6
印度尼西亚	473	53	食品（138）	糖果（74）	0.58	202.04
马来西亚	3894	81	食品（1195）	速溶咖啡（1099）	0.77	60.16
菲律宾	2282	31	食品（2028）	芒果干（1361）	0.95	15.74

---

① Gopinath et al.（2010）在对美国进口商品的汇率传递程度的价格效应的经验研究中，设计了两条标准来选择进口来源国：一是该进口国应拥有至少 100 项商品，二是根据美国海关的进出口数据，选择进口份额排名靠前的国家。

续表

原产国 （地区）	商品 数量	商品 种类	TOP-1 官方 分类（数量）	TOP-2 网络 分类（数量）	TOP-3 累计 占比（％）	价格 均值
新加坡	816	33	食品（299）	速食品 （299）	0.77	180.97
泰国	7605	147	食品（2821）	花生（1115）	0.55	53.44
越南	3781	66	食品（1124）	菠萝蜜 （875）	0.79	21.06
英国	1961	190	食品（431）	威士忌 （358）	0.55	313.48
德国	7494	261	食品（1342）	糖果（705）	0.47	302.15
法国	4643	169	烟酒（2869）	葡萄酒 （2548）	0.75	251.03
意大利	5201	182	食品（1173）	意面类 （1182）	0.46	288.03
荷兰	1614	59	食品（1309）	奶粉／辅食 （803）	0.9	215.06
西班牙	2187	82	烟酒（778）	葡萄酒 （735）	0.73	165.52
俄罗斯	499	49	食品（262）	罐头（262）	0.75	352.49
南非	237	20	烟酒（147）	葡萄酒 （141）	0.85	153.1
巴西	417	44	医疗（255）	饰品（249）	0.86	409.93
加拿大	1267	74	医疗（886）	滋补品 （776）	0.8	148.91
美国	25170	382	食品（3511）	3C 类 （2391）	0.38	465.16
澳大利亚	2194	111	烟酒（704）	葡萄酒 （704）	0.74	227.09
新西兰	5064	79	食品（3468）	奶粉（1374）	0.95	239.15

注：（1）TOP-1 官方分类是指八大分类中商品数量最多的类别，括号中的数字是指该类别的商品数量。（2）TOP-2 网络分类是指网络分类中商品数量最多的类别，括号中的数字是指该网络分类的商品数量。（3）TOP-3 累计占比是指商品数量最多的前三类包含的商品数量占该国所有商品数量的比例。

从表中第 2 列的进口商品数量可以发现，24 个国家和地区共有 136629 种进口商品，占所有进口商品数量的比例为 81%，说明这些国家具有较好的代表性。进口商品数量最多的来源国是韩国，有 37859 种商品，占进口商品数量总和的 27.71%。进口商品数量最少的是南非，仅 237 种商品，占比 0.17%。从第 3 列商品种类来看，不同国家的进口产品种类具有差异性。

商品品种最为丰富的是美国和韩国，都有 384 种不同的商品种类，占进口商品种类总数的比例为 75%，基本囊括了所有的进口商品种类。品类最少的是南非，仅 20 种不同商品。

为进一步探索不同国家和地区进口商品的结构特征，我们把每个国家和地区的进口商品按照八大分类进行分类，统计不同类别的商品数量并进行排序。表 7-2 第 4 列列出了每个国家和地区排名最高的商品类别及其数量，可以发现，所有国家和地区中有 14 个国家的 TOP-1 分类都是食品，鉴于食品类商品在进口商品中的"主体地位"，这一结果并不意外。我们可以用 TOP-1 分类包含的商品数量占该国所有商品数量的比例来衡量该国商品集中度。结果表明，在 24 个国家和地区中，集中度最高的是菲律宾。从菲律宾进口的全部 2282 种商品中，有 2028 种属于食品类，占菲律宾所有进口商品数量的 88.87%。集中度最低的是美国，TOP-1 分类商品占所有商品数量的比例为 13.95%，说明美国进口产品种类较为多样化。总体而言，所有国家 TOP-1 分类的商品数量总和是 45168 种，占总体商品数量的比例的 33.06%，表明进口商品的集中度较高。

从第 5 列网络分类统计结果来看，每个国家 TOP-3 分类商品都是该国最有特色的代表性产品，比如印度的香薰用品，日本的成人用品，泰国、越南、菲律宾等东南亚国家的特色食品，法国的红酒，英国的威士忌，意大利的意面，新西兰的奶粉，俄罗斯的罐头等等。许多国家最具代表性的产品种类都属于从该国进口产品的"绝对多数"品类，比如从法国进口的商品共有 4643 种，其中仅葡萄酒类就有 2548 种，表明超过半数的法国商品都是葡萄酒。其他超过半数的商品还包括菲律宾的芒果干，印度的香薰用品，俄罗斯的罐头，南非的葡萄酒，巴西的饰品，加拿大的滋补品等。从第 6 列前三大类商品累计比例来看，累计占比最高的是新西兰，达到 95.26%，表明从新西兰进口商品主要集中于奶粉等少数几类商品。菲律宾和荷兰的累计占比也较高，都超过了 90%。美国的集中度最低，为 38.45%，表明从美国进口商品的品类比较多元。

最后列出了各国进口商品的价格均值情况。其中价格均值排名靠前的五个国家包括：美国（465.16）、巴西（409.93）、俄罗斯（352.49）、英国（313.48）、德国（302.15）；排名靠后的五位国家分别是：马来西亚（60.16）、泰国（53.44）、印度（53.11）、越南（21.06）、菲律宾（15.74）。可以发现各国进口商品的价格均值差异较大，东南亚国家的价格水平较低，欧美国家的价格水平较高。这一现象可能与不同国家进口商品结构有关，东南亚国家以食品为主，平均价格水平较低，而欧美国家以单品价格较高的电子产品、红酒、奶粉为主，因此平均价格水平相对较高。

7.3　计量模型、估计方法与变量定义

7.3.1　计量模型

根据 Campa 和 Goldberg（2005）的研究，对于给定的国家，从它的贸易伙伴 i 进口产品 j 的进口价格 p_t^{ij}，可以表示为贸易伙伴的出口价格 $p_t^{x,ij}$，乘以双边汇率的倒数，即：

$$p_t^{ij}=1/\left(E_t^i\right)p_t^{(x,ij)} \tag{7.1}$$

贸易伙伴的出口价格 $p_t^{x,ij}$ 可分解为出口商边际成本（$MC_t^{x,i}$）和边际成本加价（$MKUP_t^{x,i}$），并对所有变量取对数得到：

$$\ln p_t^{ij}=\ln MKUP_t^{x,i}+\ln MC_t^{x,i}-\ln E_t^i \tag{7.2}$$

出口商的边际成本（$MC_t^{x,i}$），可以简单假定为主要受到出口商工资成本（$W_t^{x,i}$）和进口国需求因素（Y_t）的影响。另一方面，出口商边际成本加成（$MKUP_t^{x,i}$）可认为主要受到特定产业条件（ϕ）和宏观经济环境的影响，其中宏观经济环境表示为汇率的函数（ϕE_t^i）。因此，进口价格可以进一步写为：

$$\ln p_t^{ij}=\phi-\left(1-\phi\right)\ln E_t^i+c_0\ln Y_t+c_1\ln W_t^{x,i} \tag{7.3}$$

根据数据类型的不同，许多文献根据（7）式提出多种版本的汇率传递效应估计方程（Campa 和 Goldberg，2005；Ghosh 和 Rajan，2009；王晋

斌、李南，2009；Gopinath et al.，2010），本章借鉴王晋斌、李南（2009）和 Gopinath et al.（2010）的设定，估计如下面板回归模型：[①]

$$\Delta \ln p_t^{ij} = \mu + \sum_{k=0}^{n} \alpha_k^{ij} \Delta \ln E_{t-k}^{i} + \sum_{k=1}^{2} \beta_k^{ij} \Delta \ln p_{t-k}^{ij} + \gamma \Delta \ln p_t^{*i} + \delta \Delta \ln Y_t + \varepsilon_t^{ij} \ (7.4)$$

其中，p_t^{ij} 表示 t 时期从国家 i 进口商品 j 的月度平均价格，E_t^{i} 是中国和 i 国的月度双边名义汇率（人民币计价）。本章最感兴趣的统计量是名义汇率的系数之和：$\sum_{k=0}^{n} \alpha_k^{ij}$，反映了一段时期内汇率变动对进口商品价格的影响。其中 n 为滞后期，当 $n=0$ 时，代表当期汇率传递程度，当 $n=2$ 时，代表短期汇率传递程度，当 $n=5$ 时，代表长期汇率传递程度。[②] 其他变量为控制变量，主要控制出口商边际成本和国内需求条件对价格水平的影响。其中 p_t^{*i} 是国家 i 的价格水平，代表出口厂商的边际成本。Y_t 是国内收入水平，代表国内需求条件。考虑到进口品物价调整具有持续性和惯性，解释变量中加入了进口商品价格水平的滞后变量。μ^{j} 表示贸易障碍、运输成本等对进口商品 j 的价格水平的影响，控制所有非时变异质性不可观测因素。ε_t^{ij} 为随机误差项，控制所有时变异质性不可观测因素。

7.3.2 估计方法

本章的估计模型中，解释变量包含了被解释变量的滞后值，使得（7.4）

---

① 关于中国汇率传递理论和计量模型构建的更多内容，也可以参见王晋斌、李南（2009）的研究。

② 长期和短期汇率传递程度滞后期的选择取决于对商品市场价格粘性的程度的认识。长期汇率传递是排除了名义价格粘性的汇率传递，因为长期价格不存在粘性（Gopinath 和 Itskhoki，2010）。在现有文献中，有两篇文献测度了中国的价格粘性程度，一是金雪军等（2013）基于微观数据的研究，认为中国商品市场名义价格粘性程度约为 3.4 个月，二是蔡陈晓（2012）基于宏观数据的研究，认为中国商品市场的调价周期约为 6 个月。本章的数据为微观数据，更符合金雪军等（2013）的研究，因此长期汇率传递应包含超过 3 个月的滞后值，短期汇率传递程度的滞后期则应小于 3 个月。综合考虑金雪军等（2013）和蔡陈晓（2012）的研究结果，我们定义长期汇率传递的滞后期为 $n=5$，短期汇率传递程度的滞后期为 $n=2$。我们将在第四节报告当期和短期汇率传递程度的估计结果，在第五节报告长期汇率传递程度的估计结果。

式成为典型的动态面板模型。① 为克服动态面板模型的内生性问题，文献一般采用 Arelleno 和 Bond（1991）提出的差分 GMM 方法或者 Arellano 和 Bover（1995）和 Blundell & Bond（1998）提出的系统 GMM 方法进行估计。由于系统 GMM 方法可以同时利用差分方程和水平方程的信息，通常比差分 GMM 方法更有效，近年的文献多采用系统 GMM 方法进行估计。根据对权重矩阵的不同选择，GMM 估计可以分为一步（One-Step）和两步（Two-Step）估计，在大样本条件下，两步法采用的权重矩阵更能有效解决样本异质性对回归的干扰。因此，本章采用两步法系统 GMM 进行估计。当然，估计方法选择是否适当，还需要通过执行过度识别检验和扰动项自相关检验来进行验证。此外，由于混合 OLS 估计通常高估被解释变量滞后项的系数（Hsiao，2003），固定效应估计一般会低估滞后项的系数（Nickell，1981），因而被解释变量滞后项回归系数的一致估计量将处于混合 OLS 估计和固定效应估计之间。Bond et al.（2001）据此指出，可以将 GMM 估计值分别与固定效应估计值及混合 OLS 估计值比较，来判断两步系统 GMM 估计是否有效。作为对比，将在估计结果中报告混合 OLS 和固定效应估计结果。

7.3.3 变量定义

本章变量的定义、数据来源及计算方法如下：

（1）月度进口价格水平（p_t^{ij}）。根据我们从互联网收集的来自国家商品的每日价格数据，用简单平均的方法计算商品的月度价格。

（2）月度双边名义汇率（E_t^i）。由于德国、法国、意大利、西班牙、

---

① 在本章模型中，滞后被解释变量与随机扰动项相关，因此属于内生变量，对于双边名义汇率、国外价格水平和国内收入水平等解释变量，都假定为外生变量。对于宏观层面的进口价格指数，该假设可能较强，但对于微观层面的数据，该假设具有合理性，因为微观层面的价格变动不会影响一个国家的汇率等宏观变量（Gopinath et al.，2010）。实际上，在有关汇率传递的文献中，一个重要假设就是汇率变化是外生冲击（Berner，2010）。当然，也有文献考虑把汇率水平作为内生变量，比如 Bailliu 和 Fujii（2004）的研究，分别估计了汇率变量内生和外生两种情况，发现估计结果非常接近，因此在本章的估计中设定名义汇率等解释变量为外生变量。

荷兰等五个国家属于欧元区，因此在下文的回归中实际包括 20 个国家和地区。根据中国与这 20 个国家和地区自 2010 年 12 月 6 日至 2013 年 12 月 29 日期间的每日双边汇率，按照简单平均的方法，计算月度人民币双边名义汇率。人民币双边汇率采用直接标价法，汇率上升代表外币升值，人民币贬值。数据来自彭博数据库。

（3）出口商边际成本（p^*）。国外总体价格水平的变化会影响产品边际成本，因此对进口产品价格具有潜在影响。本章使用贸易伙伴国的月度消费者价格指数（CPI）控制出口商边际成本变动对价格的影响，其中澳大利亚和新西兰的 CPI 数据为季度数据，在软件中转换为月度数据。数据来自 EIU Countrydata 数据库。

（4）国内收入（Y）。使用中国月度工业增加值来表示国内收入因素（王晋斌、李南，2009），用 X12 方法进行季节调整，数据来自 EIU Countrydata 数据库。

参照文献中的标准方法，对上述数据做如下处理：所有指数数据用 X12 方法做季节调整，并换算成 2005 年 =100 的定基指数。为减少异方差性，对所有数据进行对数化处理。同时，为避免非平稳性，所有变量采取差分的形式。

7.4 人民币汇率的进口价格传递效应：短期汇率传递

7.4.1 总体估计结果

估计结果报告于表 7–3。第（1）列的 Arellano–Bond 自相关检验表明，差分方程的残差不存在二阶自相关，说明系统 GMM 估计值是无偏和一致的。模型通过了判断整体工具变量有效性的 Hansen 过度识别检验，说明工具变量的构造是有效的。根据表 7–3 第（1）列的系统 GMM 估计结果，可以看出样本期内不同国家进口商品的价格水平与相应的双边汇率水平呈现正向关系，意味着人民币贬值将导致价格上升，反之则反。具体而言，中国进口品价格的汇率传递的当期弹性系数为 0.124，即人民币当期升值 1%，进口品的平均价格水平下降 0.12%；表 7-3 最后一行的结果表明，包括 2 期滞后汇率变量的短期弹性（Shot-run ERPT）系数为 0.375，即人民币短期升值 1%，将导致进口品的平均价格水平约下降 0.38%。所有汇率传递系数均在 5% 水平显著。作为参照，表 7-3 的第（2）列和第（3）列分别报告了混合 OLS 和固定效应的估计结果。可以看出，用这两种方法估计的当期和短期汇率传递系数均显著且差异不大。同时，被解释变量滞后项的系统 GMM 估计结果介于 OLS 和固定效应估计结果之间，说明系统 GMM 估计是可靠的。

在既有的代表性研究中，王晋斌、李南（2009）利用中国消费者价格指数和根据海关到岸价格数据编制的进口价格指数，发现 2001 年 1 月—2008 年 3 月期间汇率对国内 CPI 的短期传递系数较低，仅为 0.18，对根据到岸价格编制的进口价格指数的短期弹性系数则较高，为 0.75。不同于这方面的证据，本章的估计结果表明，汇率变动传递到进口商品零售价格的程度，介于到岸价格指数（上限）和总体消费者价格指数（下限）的研究结果之间。考虑到既有研究使用指数数据的潜在问题，譬如使用到岸价格的研究由于没有考虑分销成本可能倾向于高估，使用总体指数由于包含非贸易商品倾向于低估，本章使用的产品层面进口消费品数据有助于克服这种缺陷，可能更为准确地估计真实的汇率传递程度，是对目前研究的推进。当然，汇率波动对经济体的传递分为不同阶段，对不同阶段价格的影响存在差异是客观存在的现象。从这个角度，也可以说本章是首次为汇率变动对进口消费品传递程度提供见解。

同时，本章估计了国外物价水平对国内价格的传递效应，即边际成本加价的传递效应（也称价格传递效应），根据表 7-3 第（1）列第 7 行的结果，可以发现国外物价水平与国内价格之间具有显著正向关系，即出口商边际成本上升导致价格上升，符合理论推断。具体而言，样本期间出口商边际成本上升 1%，则进口商品价格上升 0.22%。综合上述估计结果可以发现，短期价格传递效应小于短期汇率的传递效应，汇率变化基本能够抵消国外出口商成本加价带来的价格水平上升。这意味着汇率升值能够比较有效地降低进口消费品的价格，进而可能在一定程度上降低国内通货膨胀水平。

表 7-3　当期和短期汇率传递估计结果

解释变量	（1）Sys-GMM	（2）Pooled OLS	（3）FE
$\Delta \ln E_t$	0.124**（0.053）	0.122**（0.057）	0.167**（0.081）
$\Delta \ln E_{t-1}$	0.159**（0.065）	0.161**（0.073）	0.145（0.217）
$\Delta \ln E_{t-2}$	0.092**（0.041）	0.083*（0.047）	0.117***（0.016）
$\Delta \ln P_{t-1}$	0.138***（0.006）	0.181**（0.089）	0.095**（0.047）
$\Delta \ln P_{t-2}$	0.094*（0.056）	0.161（0.167）	0.088*（0.051）
$\Delta \ln P^*$	0.223**（0.108）	0.279*（0.166）	0.221*（0.132）
$\Delta \ln Y$	0.018（0.019）	−0.113（0.152）	−0.098*（0.055）
常数项	−0.017**（0.008）	−0.010*（0.006）	−0.017（0.015）
Obs.	3636172	3636172	3636172
AR（1）	0.000		
AR（2）	0.302		
Hansen test	0.223		
Adjusted R-sq		0.165	
Within R-sq			0.251
Shot-run ERPT	0.375	0.366	0.429
Prob>F	0.000	0.001	0.000

注：（1）***、**、*分别表示在 1%、5% 和 10% 水平上显著。（2）括号中数值为稳健标准误。（3）带有滞后期的变量均滞后两期。（4）AR 自相关检验和 Hansen 过度识别检验报告的均是 p 值。（5）Shot-run ERPT 是指短期汇率传递，由当期和滞后两期的汇率传递值加总而来，并报告了联合显著性。

7.4.2　分类估计结果

为探究不同类商品汇率传递程度的异质性，按照文献的通用方法，把八大类商品进一步划分为食品、工业消费品和服务三个大类，[①] 分别采用系统 GMM 方法估计不同类别的汇率传递程度。回归结果见表 7-4。

表 7-4　当期和短期汇率传递估计结果：分类别估计

解释变量	食品 Sys-GMM	服务 Sys-GMM	工业消费品 Sys-GMM
$\Delta \ln E_t$	0.121**（0.053）	0.106**（0.067）	0.124***（0.041）
$\Delta \ln E_{t-1}$	0.205*（0.131）	0.044（0.039）	0.160*（0.105）

---

① 其中烟酒、衣着和家庭类商品归为工业消费品类，医疗、交通、教育及居住类商品归为服务类。

续表

解释变量	食品 Sys-GMM	服务 Sys-GMM	工业消费品 Sys-GMM
$\Delta \ln E_{t-2}$	0.078*（0.045）	0.071*（0.041）	0.079**（0.040）
$\Delta \ln P_{t-1}$	0.150**（0.071）	0.227**（0.045）	0.168*（0.093）
$\Delta \ln P_{t-2}$	0.104*（0.059）	0.136（0.175）	0.122*（0.073）
$\Delta \ln P^*$	0.275*（0.165）	0.299**（0.142）	0.262**（0.097）
$\Delta \ln Y$	−0.064（0.074）	−0.101*（0.063）	−0.112*（0.074）
常数项	0.012*（0.007）	0.026（0.041）	−0.011（0.009）
Obs.	1550827	997038	1088307
AR（1）	0.000	0.001	0.000
AR（2）	0.289	0.249	0.411
Hansen test	0.213	0.261	0.176
Shot-run ERPT	0.404	0.221	0.363
Prob>F	0.001	0.016	0.000

注：同表 7-3。

可以看出，不同类别的汇率传递系数存在较大的异质性。食品类的当期和短期汇率传递系数分别为 0.121 和 0.404，工业消费品类与食品类的估计结果比较接近，分别为 0.124 和 0.363，表明人民币升值能够较为有效地降低食品和工业消费品的价格。但服务类商品的汇率传递程度较低，当期汇率传递系数为 0.106，短期仅上升到 0.221，远低于工业消费品类与食品类的估计结果。

从边际成本加价的传递效应来看，不同类别的结果也有不同。服务类商品的边际成本传递系数最高，为 0.299，工业消费品和食品比较低，分别为 0.262 和 0.275，反映了不同类别商品的定价能力不同。根据汇率传递和边际成本传递系数的估计结果，可以发现食品类和工业消费品类商品的汇率传递程度较高，汇率升值带来的价格下降能够充分抵消边际成本上升带来的价格上升。对于服务类商品，通过汇率变动吸收边际成本变动的效果则较弱。

7.4.3 稳健性检验

从表 7-3 的估计结果可以看出，使用三种不同的估计方法得到的结果非常接近，说明上述结论是较为稳健的。但考虑到估计过程中使用的样本数据不同、变量滞后期的设定不同等因素也可能对结论产生影响，本章进行如下稳健性检验。

（1）剔除"淘宝网"数据。"淘宝网"的数据属于C2C（Customer-to-Customer，C2C）数据，在目前的电子商务环境下，C2C的经营还存在一些不规范的地方，且其定价主体是个人，价格数据噪音比较大，可能影响估计结果。因此将来自"淘宝网"的数据从样本中剔除并进行回归，结果发现剔除"淘宝网"的数据样本对估计结果没有大的影响（见表7-5第1列）。

（2）剔除促销数据。促销活动会导致商品价格的非正常波动，从而可能对估计结果产生影响。根据 Nakamura 和 Steinsson（2008）的研究，与正常的价格变化相比，促销型价格变化具有显著不同的特征，一是与促销有关的价格变化是高度瞬态的，二是大多数情况下，促销结束后产品的价格会恢复到之前的价格，即价格变化呈现出非常明显的"V型"模式。因此，可由降价持续时间和V型特征来识别促销价格。根据多数文献观点，本章将降价持续时间小于15天且具有V型特征的价格变化定义为促销。剔除促销价格的样本回归结果见表7-5第2列，结果表明，汇率弹性系数并无显著差异。

（3）替换控制变量数据。首先，本章使用贸易伙伴国的生产者价格指数作为出口商边际成本的代理变量。（各国的月度生产者价格指数（PPI）数据来自国家宝典（EIU Countrydata）数据库。其中澳大利亚、中国香港、新西兰只有季度数据，通过软件转换为月度数据，越南的数据来自越南统计局官网。）其次，本章使用剔除了通胀因素和进行季节调整后的社会消费品零售总额代表国内收入因素。使用这些新的数据重新运行回归方程，得到的结果几乎是相同的，见表7-5第3列。

（4）考虑汇率变量内生。前文的回归中把汇率变量作为外生变量，为测试稳健性，本章把汇率变量及其滞后项作为内生变量并重新运行回归，结果见表7-5第4列，可以发现估计结果变动很小，说明汇率变量外生性假设是合理的。

（5）加入控制变量的滞后期。由于出口国的价格水平和进口国的需求条件对进口商品价格的影响可能存在滞后性，因此考虑在回归方程中包含相应的滞后变量并重新进行回归，结果见表7-5第5列，发现仅对汇率传递程度的估计值产生微小影响。

通过观察上述回归结果，发现不同情况下的汇率传递系数的估计值都非常接近，证明本章结论是较为稳健的。

表7-5 稳健性检验

解释变量	（1）Sys–GMM	（2）Sys–GMM	（3）Sys–GMM	（4）Sys–GMM	（5）Sys–GMM
$\Delta \ln E_t$	0.119**（0.051）	0.132**（0.058）	0.163**（0.079）	0.126**（0.055）	0.137***（0.049）
$\Delta \ln E_{t-1}$	0.152**（0.066）	0.157*（0.089）	0.137（0.146）	0.202*（0.128）	0.141*（0.083）
$\Delta \ln E_{t-2}$	0.090**（0.044）	0.073*（0.042）	0.109**（0.061）	0.085**（0.039）	0.088**（0.043）
$\Delta \ln P_{t-1}$	0.147*（0.067）	0.176**（0.082）	0.116*（0.054）	0.172**（0.078）	0.151*（0.089）
$\Delta \ln P_{t-2}$	0.121*（0.071）	0.118*（0.071）	0.107*（0.066）	0.113*（0.061）	0.134*（0.076）
$\Delta \ln P^*$	0.271*（0.165）	0.236*（0.131）	0.177*（0.102）	0.204*（0.122）	0.183**（0.077）
$\Delta \ln P^*_{t-1}$					0.106*（0.058）
$\Delta \ln Y$	−0.077（0.069）	−0.052（0.087）	0.087**（0.039）	−0.091（0.076）	−0.063（0.058）
$\Delta \ln Y_{t-1}$					0.056*（0.032）
常数项	0.009*（0.006）	0.022*（0.009）	−0.013*（0.007）	0.034（0.028）	−0.016（0.013）
Obs.	3062415	3172551	3636172	3636172	3636172
AR（1）	0.000	0.000	0.001	0.000	0.002
AR（2）	0.318	0.376	0.249	0.326	0.303
Hansen test	0.233	0.282	0.261	0.311	0.296
Shot–run ERPT	0.361	0.360	0.409	0.413	0.366
Prob>F	0.000	0.004	0.017	0.009	0.000

注：同表7-3。

7.5　人民币汇率的进口价格传递效应：长期汇率传递

长期汇率传递（Long-Run Exchange Rate Pass-Through，LRPT）是指汇率变动后商品价格较长时期的反应。文献中通常使用三种不同的方法来估算长期汇率传递程度：加总法、点估计法和公式法。我们首先对三种方法进行简要介绍和评论，然后报告三种方法的估算结果并进行比较。

7.5.1　估算方法

7.5.1.1　加总法

加总法即本章第三节讨论的方法，通过在回归方程（7.4）中包含汇率变量的滞后项，然后利用滞后项回归系数的加总结果来测度长期汇率传递，称为加总式长期汇率传递（Aggregate Long-run Pass-through）。本章将汇率变量滞后 5 期的回归系数之和（$\sum_{k=0}^{n}\alpha_k^{ij}$，$n=5$）定义为长期汇率传递。

7.5.1.2　点估计法

点估计法是指估算商品在样本期内的"终身"汇率传递（Lifelong Exchange Rate Pass-through）。首先，测量每个商品价格在样本期内的累积变动情况，称为该商品价格的终身变化。然后，将商品价格的累积变动与同一时期双边汇率的累计变动进行回归。具体而言，借鉴 Gopinath et al.（2010）和 Gopinath 和 Itskhoki（2010），估计以下微观层面的回归方程：

$$\Delta\ln P_L^{ij}=\alpha_L\Delta\ln E_L^i+\beta_L\Delta\ln Z_L+\varepsilon^j \qquad (7.5)$$

其中 $\Delta\ln P_L^{ij}$ 是 i 国 j 商品的价格的终身变化，是指同一时期中国与 i 国双边汇率的累积变动。$\Delta\ln Z_L$ 是其他控制变量的相应累积变化，如国外价格水平，本国消费需求等。可以看出，式（7.5）实际是横截面回归，将得到点估计结果，因此被称为点估计法。

7.5.1.3　公式法

公式法较为简单，利用短期汇率传递的估计结果即可换算出长期汇率传递程度（Bailliu 和 Fujii，2004；Khundrakpam，2007；王晋斌、李南，2009）。公式为：长期汇率传递弹性 $=\alpha/(1-\sum_{k=0}^{n}\beta_k)$，$\alpha$ 为短期汇率传递弹性，β 为因变量滞后值的系数。

7.5.2　简要评论

在三种估算方法中，早期的文献主要用公式法，最近的文献多采用加总法和点估计法。公式法和加总法的估计结果受汇率变量滞后期选择的影响较大，如果滞后期的设定较短，那么可能导致较大比例的商品在设定的滞后期内没有改变价格，由此得到的长期汇率传递程度可能会被低估。[①] 点估计法是以价格调整为条件，价格不发生调整的商品将从样本中剔除，因此点估计法测量长期汇率传递的优点在于能够确保样本期内所有商品的确改变了价格，从而不受价格粘性程度界定的影响。然而，点估计法存在一个问题，即该方法以价格发生改变作为条件，不是对全样本进行回归，而是对发生了价格变化的商品进行回归，可能导致一定程度的样本选择问题。通常的解决办法是尽量增加样本期长度，以保证即便价格调整缓慢的商品也能够在样本期内观察到价格调整，从而保留尽可能多的样本，降低样本选择问题带来的误差。对于本章来说，根据既有研究结果（蔡陈晓，2012；金雪军等，2013），中国商品市场的价格调整速度较快，价格调整周期约为 3～6 个月。而本章样本的时间窗口最短为 18 个月，基本能够捕获长期内价格对汇率水平变动的反应，因此不用太担忧点估计法的样本选择问题。

7.5.3　估计结果

作为对比，我们在表 7-6 报告了三种方法的估计结果。根据表 7-6 第 2 列的总体样本估计结果，三种方法的估计结果略有不同，公式法和加总法比较接近，分别为 0.4232 和 0.4327，点估计法的估算结果略高于其他两种方法的估算结果，为 0.4602。三种方法估计的长期汇率传递程度都大于

---

① 比如对于公式法，假如汇率变量滞后期设定较短，可能导致短期汇率传递系数低估，那么根据公式法推算而得的长期汇率传递偏小。对于加总法，汇率变量滞后期的不同选择显然将直接决定长期汇率传递系数的不同结果。目前来说，不同文献对汇率变量滞后期的选择并没有统一标准，主要依赖于对不同国家价格粘性程度的界定。

前节短期传递程度的估计结果（0.375），但上升幅度不大，根据点估计法的估算结果，上升幅度最大为23%。这说明人民币汇率的进口价格传递主要是一个短期现象，即汇率传递效应主要发生在前三个月，对三个月后的价格影响较小。从表7-6报告的不同滞后期加总法的估计结果也可以证明这一点，表现为滞后8期仅略大于滞后5期的结果，如果滞后11期，汇率传递程度出现下降趋势。

表7-6　长期汇率传递估计结果

估计方法	总体	食品	服务	工业消费品
公式法	0.4232	0.4539	0.2858	0.4470
加总法（$n=5$）	0.4327	0.4733	0.3151	0.4682
加总法（$n=8$）	0.4512	0.4806	0.3347	0.4628
加总法（$n=11$）	0.4259	0.4672	0.3319	0.4536
点估计法	0.4602**	0.5071**	0.3626**	0.4769**

注：（1）***、**、*分别表示在1%、5%和10%水平上显著。（2）公式法的结果是根据表7-3、表7-4中短期汇率传递的结果，由长期汇率传递弹性公式计算而来。（3）加总法的估计结果中，$n=5$、$n=8$、$n=11$分别表示汇率变量滞后5期、8期、11期的估计结果。

对于三大类商品的长期汇率传递程度，可以发现，公式法和加总法比较接近，点估计法的估算结果略高。根据估计方法的不同，食品类的传递系数介于0.454～0.507之间，服务类介于0.286～0.363之间，工业消费品类介于0.447～0.477之间。食品类和工业消费品类的长期传递系数接近，高于服务类的估计结果。

在既有研究中，王晋斌、李南（2009）的利用中国数据，进口价格指数的长期汇率传递系数为0.74，汇改后进一步上升到0.88，传递程度远高于本章的估计结果。可能原因在于他们使用的海关数据没有考虑分销成本和批发商等对汇率变动的吸收效应，因此估计结果会高于本章基于零售层面进口价格数据的估计结果。此外，王晋斌、李南（2009）的研究发现长期汇率传递系数小于短期汇率传递系数现象，认为这种现象与样本期内国外出口商存在较大的人民币升值预期有关。本章结果表明长期汇率传递程度大于短期传递程度，意味着近年来持续多年升值，国外出口商的人民币升值预期开始下降，因此出口商定价行为符合理论推断。

7.6　人民币汇率的进口价格传递效应：跨国比较

7.6.1　短期汇率传递

根据有关研究，由于不同国家的产业结构（Webber，1999）、生产率（Berman et al.，2012）、调价频率（Gopinath 和 Itskhoki，2010）、产品质量（Baldwin 和 Harrigan，2011；Johnson，2012）等方面的差异，导致汇率传递率具有较强的国别差异。对于进口国来说，这种异质性意味着通过汇率手段来调节国际收支的政策效应也会大为不同。但到目前为止，还没有出现有关中国不同贸易伙伴的汇率传递率潜在差异的经验证据。鉴于此，本节根据进口商品的原产地信息，把数据集划分为 20 个代表性国家和地区的跨国子样本，按照国别分别进行回归，考察中国进口消费品汇率传递率的国别异质性，评估不同国家对中国的短期和长期汇率传递率，以便为差异化的双边贸易政策提供经验证据。

结果如表 7-7 所示。可以发现，不同国家的汇率传递程度表现出相当大的差异。在所有国家中，短期汇率传递程度最高的是越南，人民币升值 1%，越南进口品的平均价格水平下降 0.80%；最低的是英国，人民币升值 1%，来自英国的进口品的平均价格水平仅下降 0.13%，两者相差超过 6 倍。[①]在东盟、亚洲四小龙、金砖国家等新兴市场经济国家中[②]，传递程度表现出不同的特征。来自东盟国家的进口商品的汇率传递程度都较高，如越南、泰国、菲律宾等，短期平均汇率传递系数均超过 0.50。亚洲"四小龙"的传递程度比较接近，平均汇率传递系数在短期为 0.392，其中中国台湾传

---

① 印度和澳大利亚的估计结果不显著，不参与比较。

② 东盟是指东南亚国家联盟，涵盖整个东南亚地区的 10 个国家，包括：印度尼西亚、马来西亚、菲律宾、新加坡、泰国、文莱、越南、老挝、缅甸和柬埔寨。亚洲四小龙是指自 1970 年代起经济迅速发展的四个亚洲经济体，包括韩国、中国台湾、中国香港、新加坡。金砖国家也被称为金砖五国，代指全球五个主要的新兴市场，分别为巴西、俄罗斯、印度、中国、南非。

递程度较高（0.516），中国香港的传递程度较低（0.290）。在金砖国家中，印度的传递系数较高但估计结果不显著，其他金砖三国的传递程度明显较低，其中俄罗斯、巴西、南非的传递系数分别为 0.170、0.283、0.205。与上述大多数国家相比，欧盟、美国和日本等发达国家的传递程度更低，比如欧盟的短期汇率传递系数为 0.25，美国为 0.17，日本为 0.14。

本章对所有国家的传递程度进行排序，发现传递程度最高的五个国家和地区分别是越南（0.802）、菲律宾（0.646）、泰国（0.547）、中国台湾（0.516）、新加坡（0.407），几乎都是发展中国家，最低的五个国家分别是英国（0.133）、日本（0.144）、俄罗斯（0.170）、美国（0.171）、加拿大（0.185），几乎都是发达国家。根据表 7-7 中的估计结果，我们将所有国家和地区简单区分为发达和欠发达经济体两类[1]，发现发达经济体的短期平均传递程度是 0.204，欠发达经济体的短期平均传递程度是 0.425，超过发达经济体的两倍，说明发达国家的传递程度远低于欠发达国家的平均传递程度。[2] 出现这种现象的可能原因主要有两点：第一个原因与出口商的价格调整频率有关。根据 Gopinath 和 Itskhok（2010）基于美国进口数据的经验研究，出口商的价格调整行为影响汇率传递程度，相对而言，平均调价频率较低的出口商汇率传递程度也较低。相对中国而言，发达国家的价格调整频率通常较为缓慢，发展中国家的价格调整较快（Klenow 和 Malin，2010），因而导致发达国家的传递系数大于发展中国家。第二个原因与出口商产品质量和生产率有关。理论研究指出（Baldwin 和 Harrigan，2011；Johnson，2012），高品质的商品由高生产率企业所产生，高生产率的企业具有较高的市场份额，能通过价格加成吸收更多的汇率传递（Berman et al.，2012），因而高品质商品的汇率传递程度较低。在经验研究层面，

---

[1] 我们将 OECD 成员国定义为发达经济体，包括：加拿大、日本、韩国、美国、欧盟、英国、新西兰，其他 11 个国家和地区为欠发达经济体。上述分类不含印度和澳大利亚。如果根据联合国开发计划署《2010 年人文发展报告》的定义，则发达经济体还应在 OECD 定义基础上增加中国香港和新加坡，此时其他 9 个国家和地区为欠发达经济体。

[2] 按照联合国的分类标准，发达经济体的短期传递为 0.2363，欠发达经济体的短期为 0.4414。

Antoniades 和 Zaniboni（2012）把可贸易商品排序分为三个质量等级，发现汇率传递程度与产品质量负相关，低质量产品的传递程度高，但中等和高品质产品则几乎没有传递。相对而言，欧美、日本等发达国家出口商的生产率和产品质量更高，因而可能导致汇率变动对这些国家出口品的传递程度较低。

价格传递效应的结果表明，欧美、日本等代表性发达国家的价格传递效应较高，其中价格传递效应最高的国家是澳大利亚（0.528），其他价格传递效应较高的国家包括新西兰（0.521）、欧盟（0.483）、美国（0.434）、日本（0.383）等，说明来自发达国家的出口商边际成本加成能力较强。而价格传递效应较低的国家多数属于发展中国家，其中效应最低的五个国家和地区包括马来西亚（0.161）、泰国（0.17）、越南（0.189）、菲律宾（0.232）、中国台湾（0.26）等，意味着欠发达国家和地区的议价能力相对较弱。

综合来看，通过对比汇率传递和价格传递系数，可以发现多数发达国家的汇率传递效应低，而价格传递效应高，人民币升值难以抵消国外出口商的成本加成带来的价格上升，表明通过汇率升值来抑制通胀的效果较弱。与此相反，多数发展中国家的汇率传递效应较高，而价格传递效应低，特别是东盟国家，汇率传递效应远大于价格传递效应，表明人民币升值有助于降低从这些国家进口的商品价格。总体而言，上述研究可能反映了中国相对不同贸易伙伴的议价能力不同，来自发达国家的出口企业将会通过增加成本加成以保持出口价格（以人民币计价）基本不变，因而货币升值对进口价格的传递效应很小，国外出口商可以获得较高的边际利润。对于发展中国家，出口企业成本加成的能力有限，通过升值降低进口价格从而扩大进口规模的能力将具有较大空间。

表 7-7 当期和短期汇率传递：按国别和地区估计

解释变量	中国香港	印度	日本	韩国	中国台湾	印尼	马来西亚
$\Delta \ln E_t$	0.133** （0.061）	0.313** （0.150）	−0.070** （0.034）	0.074* （0.045）	0.239** （0.112）	0.210* （0.131）	0.169*** （0.004）
$\Delta \ln E_{t-1}$	0.035 （0.059）	0.045 （0.064）	0.037 （0.049）	0.144** （0.061）	0.131** （0.063）	0.136 （0.230）	0.108 （0.157）

续表

解释变量	中国香港	印度	日本	韩国	中国台湾	印尼	马来西亚
$\Delta \ln E_{t-2}$	0.122* (0.063)	0.358 (0.390)	0.177** (0.079)	0.171*** (0.038)	0.146 (0.174)	0.052** (0.021)	0.129*** (0.041)
$\Delta \ln P_{t-1}$	0.117* (0.078)	0.126* (0.078)	−0.172 (0.175)	0.105 (0.240)	−0.131* (0.077)	−0.160* (0.103)	0.063 (0.079)
$\Delta \ln P_{t-2}$	0.095 (0.081)	0.103 (0.096)	0.142 (0.133)	0.087 (0.102)	0.088 0.069	0.117* (0.069)	0.096*** (0.025)
$\Delta \ln P^*$	0.262** (0.121)	0.318* (0.195)	0.383* (0.221)	0.345** (0.130)	0.260** (0.103)	0.286*** (0.092)	0.161** (0.073)
$\Delta \ln Y$	−0.094 (0.125)	0.282 (0.334)	−0.181** (0.083)	0.055 (0.068)	−0.207 (0.273)	0.285 (0.318)	−0.046 (0.054)
常数项	0.010 (0.052)	0.083 (0.106)	0.013 (0.015)	−0.022** (0.009)	−0.009 0.008	0.029** (0.014)	0.017** (0.007)
Obs.	71040	25972	253408	807286	118111	10086	83034
AR（1）	0.000	0.001	0.000	0.000	0.000	0.000	0.000
AR（2）	0.223	0.321	0.245	0.412	0.189	0.501	0.341
Hansen test	0.224	0.251	0.179	0.215	0.201	0.142	0.196
Shot−run ERPT	0.290	0.716	0.144	0.355	0.516	0.398	0.406
Prob>F	0.001	0.334	0.000	0.000	0.001	0.014	0.000

解释变量	菲律宾	新加坡	泰国	越南	英国	欧盟	俄罗斯
$\Delta \ln E_t$	0.635** (0.302)	0.211 (0.217)	0.404** (0.162)	0.223** (0.110)	0.084*** (0.032)	0.091*** (0.011)	0.185** (0.089)
$\Delta \ln E_{t-1}$	0.129** (0.051)	0.044** (0.021)	0.301*** (0.121)	0.794*** (0.129)	−0.040 (0.041)	0.092** (0.045)	−0.092 (0.082)
$\Delta \ln E_{t-2}$	−0.118 (0.129)	0.152*** (0.046)	−0.158* (0.009)	−0.215* (0.121)	0.089** (0.043)	0.067 (0.121)	0.077* (0.044)
$\Delta \ln P_{t-1}$	0.129* (0.081)	0.101** (0.048)	−0.132 (0.136)	0.089* (0.054)	0.203 (0.192)	0.176** (0.084)	0.122 (0.137)
$\Delta \ln P_{t-2}$	0.113 (0.124)	0.071* (0.042)	−0.096 (0.112)	0.166 (0.174)	0.131* (0.077)	0.106 (0.137)	0.109** (0.047)
$\Delta \ln P^*$	0.232** (0.097)	0.268** (0.129)	0.170* (0.105)	0.189 (1.071)	0.289* (0.150)	0.483*** (0.131)	0.306* (0.171)
$\Delta \ln Y$	0.042 (0.040)	0.018 (0.032)	−0.078 (0.045)	0.093*** (0.036)	0.029 (0.091)	−0.124 (0.142)	0.201 (0.185)
常数项	−0.044*** (0.012)	−0.011 (0.012)	−0.012 (0.009)	0.009 (0.007)	0.037* (0.023)	0.049 (0.096)	−0.013 (0.015)
Obs.	48660	17400	162165	80624	41815	450757	10640
AR（1）	0.001	0.000	0.000	0.000	0.000	0.000	0.000

续表

解释变量	菲律宾	新加坡	泰国	越南	英国	欧盟	俄罗斯
AR（2）	0.295	0.302	0.217	0.182	0.261	0.307	0.316
Hansen test	0.185	0.173	0.278	0.235	0.272	0.198	0.166
Shot-run ERPT	0.646	0.407	0.547	0.802	0.133	0.250	0.170
Prob>F	0.012	0.000	0.000	0.001	0.001	0.013	0.092

解释变量	南非	巴西	加拿大	美国	澳大利亚	新西兰
$\Delta \ln E_t$	0.184* （0.103）	0.106* （0.062）	0.237** （0.101）	0.075** （0.035）	0.077* （0.042）	0.053* （0.031）
$\Delta \ln E_{t-1}$	0.082* （0.049）	0.126* （0.078）	−0.142 （0.232）	0.052** （0.024）	0.098 （0.115）	−0.037 （0.036）
$\Delta \ln E_{t-2}$	−0.061 （0.141）	0.051 （0.117）	0.090** （0.042）	0.044*** （0.013）	−0.061 （0.069）	0.176*** （0.035）
$\Delta \ln P_{t-1}$	−0.082 （0.078）	0.123 （0.153）	0.167** （0.083）	0.213** （0.104）	0.142 （0.171）	−0.086** （0.042）
$\Delta \ln P_{t-2}$	0.156** （0.068）	0.146* （0.086）	0.156 （0.123）	0.152 （0.234）	0.119 （0.133）	−0.055* （0.032）
$\Delta \ln P^*$	−0.161 （0.202）	0.325** （0.161）	0.283* （0.166）	0.434* （0.262）	0.528* （0.293）	0.521** （0.254）
$\Delta \ln Y$	0.271 （0.261）	−0.101 （0.148）	−0.139* （0.074）	0.170 （0.142）	−0.132 （0.209）	−0.053 （0.113）
常数项	−0.204* （0.122）	−0.017 （0.019）	0.014** （0.006）	−0.097 （0.091）	−0.005 （0.004）	（0.007） （0.008）
Obs.	5054	8892	27017	536713	46784	107982
AR（1）	0.000	0.000	0.000	0.000	0.000	0.000
AR（2）	0.412	0.275	0.188	0.167	0.233	0.315
Hansen test	0.286	0.192	0.208	0.217	0.264	0.311
Shot-run ERPT	0.205	0.283	0.185	0.171	0.114	0.192
Prob>F	0.096	0.072	0.042	0.000	0.278	0.001

注：（1）***、**、*分别表示在1%、5%和10%水平上显著。（2）括号中数值为稳健标准误。（3）AR自相关检验、Hansen过度识别检验报告的均是p值。（4）Shot-run ERPT是指短期汇率传递，由当期和滞后两期的汇率传递值加总而来。

7.6.2　长期汇率传递

接下来估计各国的长期汇率传递程度。从表7-8可以看出，三种方法的估计结果略有差异，公式法和加总法的结果比较接近，点估计法的估算结果较高。具体而言，根据公式法的结果，样本期内20个经济体的长期汇率传递系数平均值为0.3701，加总法的结果为0.3907，点估计法的估算结果最高，所有国家的平均汇率传递系数为0.4311。

表 7-8　长期汇率传递：按国别和地区估计

国家（地区）	长期汇率传递			短期汇率传递
	公式法	加总法	点估计法	
中国香港	0.3284	0.3145	0.3577***	0.290
印度	0.8192	0.7941	0.8236	0.716
日本	0.1228	0.1462	0.1758**	0.144
韩国	0.3966	0.4012	0.4366**	0.355
中国台湾	0.4562	0.4437	0.4768**	0.516
印尼	0.3431	0.3552	0.3671**	0.398
马来西亚	0.4332	0.4217	0.4369**	0.406
菲律宾	0.7416	0.6524	0.6887**	0.646
新加坡	0.4527	0.4519	0.4764*	0.407
泰国	0.4832	0.4766	0.4901**	0.547
越南	0.8803	0.7795	0.8912**	0.802
英国	0.1668	0.1859	0.2117*	0.133
欧盟	0.3148	0.3017	0.3347**	0.250
俄罗斯	0.1936	0.2018	0.2234*	0.170
南非	0.1894	0.1975	0.2608*	0.205
巴西	0.3313	0.3241	0.3462*	0.283
加拿大	0.2221	0.2236	0.2407**	0.185
美国	0.2172	0.2519	0.2598**	0.171
澳大利亚	0.1328	0.1423	0.1517	0.114
新西兰	0.1767	0.1785	0.1902***	0.192

注：（1）***、**、*分别表示在1%、5%和10%水平上显著。（2）公式法的结果是根据表7-7中各国短期汇率传递的结果计算而来的。（3）加总法的滞后期为5期。

不同国家的长期汇率传递估计结果差异较大。根据点估计法的估计结果，在所有国家中，长期汇率传递程度最高的是越南，传递系数达到0.89；最低的是日本，人民币升值1%，日本进口品的长期平均价格水平仅下降0.17%。传递程度最高的五个国家和地区分别是越南、菲律宾、泰国、中国台湾、马来西亚，几乎都是发展中国家和地区；最低的五个国家分别是日本、新西兰、英国、俄罗斯、加拿大，几乎都是发达国家。本章同样将所有经济体区分为发达和欠发达两类，发现发达国家的平均传递程度是0.264，欠发达国家的平均传递程度是0.456，表现出与短期汇率传递类似的特征，即发达国家的传递程度远低于欠发达国家的平均传递程度。[①]

如果把各国的长期汇率传递系数与短期传递弹性系数加以比较，可以看

① 按照联合国的分类标准，发达经济体长期传递别为0.298，欠发达经济体的长期为0.464，两者的差异同样明显。

出各国的传递速度差异。以点估计法的估计结果为例（公式法和加总法的结果呈现类似的规律），可以发现长期传递率小于短期传递率的国家和地区包括中国台湾、印尼、马来西亚、泰国等，说明这些国家和地区出口商对人民币升值的预期可能较高，汇率传递的过程在较短时期内完成。长期传递率与短期传递率相近的包括马来西亚、菲律宾、新西兰等，短期传递系数与长期传递系数的差距在 0.05 以内，表明这些国家出口商对人民币汇率波动的反应速度也较快。长期传递率远大于短期传递率的国家和地区包括中国香港、日本、英国、俄罗斯、美国，短期传递系数与长期传递系数的差距较大，表明汇率波动对进口商品价格水平的影响需要较长的过程。总体而言，根据表7-8 的结果可以看出，多数发达国家的长期传递率远大于短期传递率，表明汇率波动导致的价格调整较为缓慢，汇率传递的过程需要相对较长时期才能完成；多数发展中国家的长期传递率与短期传递率比较接近，说明汇率传递的过程主要在短期内完成，汇率波动导致的价格调整较为迅速。

7.7　价格粘性、调价频率与汇率传递

传统的一价定律、购买力平价等经典汇率理论认为，汇率的变动对进出口商品价格的传递效应是完全的。但在现实世界中，众多的经验研究却发现汇率的变动并未导致价格水平的等比例变化，即所谓的汇率不完全传递现象（Engel，1999；Parsley 和 Wei，2001；Goldberg 和 Campa，2010）。经验证据与理论的背离引起经济学家们的极大兴趣，涌现出一系列关于不完全传递原因的可能解释。[①]

①　这些解释大致可以区分为"微观因素"和"宏观影响"两类（Campa 和 Goldberg，2005）。微观层面的研究主要关注商品市场的各种结构特征，如不完全竞争厂商采取的依市场定价行为（Pricing to Market，PTM）（Krugman，1986；Dornbusch，1987；Bergin 和 Feenstra，2001），贸易品分销过程中产生的成本（Burstein et al.，2003；Corsetti 和 Dedola，2005），当地货币定价行为（Local Currency Pricing，LCP）（Betts 和 Devereux，2000；Gopinath et al.，2010）等因素对汇率传递的影响。宏观角度的研究则主要关注于宏观变量对汇率传递程度的影响，譬如汇率的波动性（Corsetti et al.，2008）、经济开放度（Gust et al.，2010）和通货膨胀水平等（Taylor，2000；Campa 和 Goldberg，2002；Gagnon 和 Ihrig，2004）。

最近兴起的一些研究则认为汇率传递水平实际上受到宏微观因素共同作用的影响，因此应该将宏观和微观因素结合起来进行解释，并重点探讨名义价格粘性和微观价格调整频率等因素对全汇率传递的影响。早在2002年，Engel（2002）通过总结既有研究成果基础上提出，汇率不完全传递涉及到在消费者层面商品价格的缓慢调整，而且厂商价格调整频率很可能取决于货币政策。随后Choudhri和Hakura（2006）建立新开放宏观经济模型，引入非完全竞争、价格粘性等微观因素，对汇率不完全传递进行理论与经验分析，发现汇率传递与平均通货膨胀水平系统相关，在高通胀背景下，厂商价格调整的频率上升，汇率传递程度上升。在此基础上，Devereux和Yetman（2010）建立理论模型，证明不完全汇率传递可以归因于名义价格的缓慢调整，而货币政策是影响厂商价格调整频率的重要因素。宽松货币政策下平均通货膨胀率和汇率波动幅度都会上升，厂商调整价格的频率上升，因此，汇率传递程度较高。这些研究表明微观经济主体的调价频率是宏观层面货币政策影响汇率传递的重要中间变量，货币冲击可能通过改变微观主体的定价行为来影响汇率传递。

那么微观层面的价格行为会影响汇率传递吗？Gopinath和Itskhoki（2010）利用美国BLS的消费者层面微观数据，把商品分成两类，对价格调整频率异质性对长期汇率传递影响，发现价格调整频率高的产品价格的长期汇率传递率至少是价格调整频率较低产品的两倍，价格调频率与汇率传递呈正相关关系，Gopinath和Itskhoki（2010）的研究首次为汇率传递与价格调整频率关系提供了实证证据，为利用微观数据讨论微观企业定价行为做出开创性贡献。在最近的一项研究中，Aron et al.（2014）特别指出，随着微观数据的可获得，利用企业或产品层面的微观数据可能为理解价格结构性调整和汇率不完全传递的可能来源提供新的洞见，其中利用微观数据研究价格调整行为对汇率传递水平的影响是当前重要研究方向。但既有研究的缺陷在于没有考虑调价频率对短期汇率传递的影响。实际上，在汇率传递效应的测度中，时期的长期非常重要。由于长期而言，所有的价格都是可以灵活调整的，长期汇率传递时剔除价格粘性因素的反应，因此调价频率对长期传递的影响不包含名义价格粘性因素的影响。但在短期，微观层面的价格行为受到价格粘性因素的制约，会发生很大不同，可能导致不同的汇率传递水平的不同结论。事实上，有研究表明，名义价格粘性因素对短期传递价格变动对汇率波动的反应滞后，但对长期汇率传递程度影响甚微（Nnakamura 和 Zerom，2010；Klenow 和 Malin，2010）。因此，进一步的研究有必要考察调价频率对长期和短期汇率传递水平的不同影响，检验价格粘性因素存在时的差异。

近年来，国内一些学者也开始关注汇率的不完全传递问题，但几乎都是从 PTM 角度讨论人民币汇率不完全传递的原因（陈学彬等，2007；陈斌开等，2010；项后军、许磊，2013），尚未注意到价格粘性和企业价格调整行为对汇率传递的影响。鉴于此，本节探讨价格调整行为对人民币汇率传递程度的影响，希望能够对现有研究构成补充。具体而言，本章按照 Gopinath 和 Rigobon（2008）的方法计算所有商品在样本期内的调价频率，然后以中位数频率为界，根据每个商品的调价频率是否高于或低于中位数频率，把所有商品分为高调价频率和低调价频率两类，然后分别估计每类商品的长期汇率传递和短期汇率传递，从而考察调价频率及价格粘性对汇率传递程度的影响。

7.7.1　调价频率与汇率传递：基准回归

表 7-9 报告了高频组和低频组商品的长期和短期汇率传递程度估计结果。[①] 其中表 7-9 第一列报告分析的样本，接下来六列报告低频组和高频组的汇率传递率及联合显著性，再接下来两列报告低频组和高频组的汇率传递差异及相应均值差异检验的 t 统计量，最后一列报告样本观测值的数目。

首先来看调价频率对长期汇率传递的影响（A 组回归）。根据总体样本的回归结果，可以发现，高频组的长期汇率传递远高于低频组，约为低

---

① 所有回归结果的 Arellano-Bond 自相关检验表明，差分方程的残差不存在二阶自相关，说明系统 GMM 估计值是无偏和一致的。模型通过了判断整体工具变量有效性的 Hansen 过度识别检验，说明工具变量的构造是有效的。鉴于本章主要目的不是估计人民币汇率传递程度的精确数字，因此本章仅根据研究目的的需要，给出了不同调价频率组的最终结果。

频组的 2.5 倍。具体而言，低频组的商品调价频率平均为 0.45%，相当于商品平均每 7.4 个月调整一轮价格，[①] 此时长期汇率传递为 27%。在高频率的样本组，商品调价频率平均为 2.21%，商品价格平均 1.5 个月调整一轮，此时长期传递率达到 67%。高频组和低频组的汇率传递均值差异检验结果在 1% 的统计水平上显著，表明两者的确具有系统性差异。当分别考察八大类子样本时，同样发现高频组的长期汇率传递远高于低频组。所有子样本的高频组别和低频组别之间的长期汇率传递至少相差两倍。其中差别最大是居住类，低频组到高频组的长期汇率传递从 26% 增加至 69%，两者相差 2.65 倍。在所有情况下，均值差异检验都在 1% 的水平上显著。

表 7-9　调价频率与汇率传递：基准回归

样本	低频组			高频组			均值差异		观测值
	Freq	β_{low}	Prob>F	Freq	β_{low}	Prob>F	$\beta_{low}-\beta_{Hi}$	T 值	
A 组：调价频率与长期汇率传递									
总体	0.45	0.27**	0.047	2.21	0.67**	0.028	0.40***	37.43	3636172
食品	0.42	0.25**	0.032	1.93	0.62***	0.009	0.37***	31.25	1550827
烟酒	0.43	0.30*	0.076	2.15	0.61**	0.036	0.31***	6.72	210534
衣着	0.61	0.22**	0.039	3.04	0.57**	0.011	0.35***	19.33	265443
家庭	0.52	0.26**	0.025	2.36	0.59*	0.090	0.33***	21.37	521063
医疗	0.33	0.27*	0.081	1.72	0.71*	0.057	0.44***	52.41	853046
交通	0.48	0.24**	0.030	2.27	0.55**	0.022	0.31***	13.67	67996
教育	0.42	0.31*	0.065	1.96	0.66*	0.083	0.35***	22.76	156355
居住	0.28	0.26*	0.072	1.39	0.69**	0.041	0.43***	14.17	10908
B 组：调价频率与短期汇率传递									
总体	0.45	0.26***	0.006	2.21	0.39***	0.007	0.13***	31.22	3636172
食品	0.42	0.25***	0.001	1.93	0.39***	0.002	0.14***	30.17	1550827
烟酒	0.43	0.29**	0.025	2.15	0.37**	0.027	0.08***	7.63	210534
衣着	0.61	0.21*	0.073	3.04	0.34*	0.066	0.13***	17.21	265443
家庭	0.52	0.28***	0.002	2.36	0.35***	0.004	0.07***	20.54	521063
医疗	0.33	0.27**	0.013	1.72	0.46**	0.017	0.19***	51.48	853046
交通	0.48	0.25***	0.007	2.27	0.31**	0.011	0.06***	12.36	67996
教育	0.42	0.29**	0.014	1.96	0.32**	0.014	0.03	0.89	156355
居住	0.28	0.27*	0.082	1.39	0.35*	0.063	0.08***	13.28	10908

注：Freq 是指不同组别商品的平均频率。分别代表低频组和高频组的长期汇率传递系数，***、**、* 分别表示在 1%、5% 和 10% 水平上显著，代表回归系数的联合检验显著性。T 值代表均值检验的 t 统计量值。

---

① 根据 Nakamura 和 Steinsson（2008），若记价格周期为 D，价格频率为 F，价格调整周期的计算公式为：$D=-1/\ln(1-F)$。

接下来考察调价频率对短期汇率传递的影响（B组回归）。长期和短期汇率传递程度的最大不同在于短期内存在价格粘性，长期则所有的价格都是灵活的。因此，通过考察不同调价频率组别商品的短期汇率传递率，并与长期汇率传递程度进行比较，可以探索存在价格粘性因素时价格调整频率对传递率的影响。首先看总体样本的回归结果。可以发现，低频样本组的短期汇率传递为26%，高频组的短期传递率为39%，两者之间具有明显差异，均值差异检验结果在1%的统计水平上显著。但与表7-9中A组所列的长期回归结果相比，表现出不同的特点。首先，在长期情形下，高频组的传递水平是低频组的2.5倍。短期情形下，两者的差异仅为0.5倍，意味着调价频率对短期汇率传递的影响程度下降。其次，当考察相同调价频率组的长期和短期汇率传递时，可以发现一个有意思的现象：对于低频组的商品，长期传递水平和短期传递水平较为接近，仅从长期的27%略微下降到短期的26%。但对于高频组商品，短期传递水平相较长期传递水平而言大幅下降，从长期的67%下降到短期的39%。根据Gopinath和Itskhoki（2010）的研究，调价行为影响汇率传递的背后原因主要是不同厂商成本加成的能力不同，调价缓慢的公司通过调整成本加成的方式来吸收汇率冲击的影响，最终表现出低频调价商品的汇率传递程度较低。因此，对本章研究结果的可能解释是，对于长期调价频率高的商品，在短期内，由于价格粘性因素的存在使得这些商品难以灵活完成价格调整，只能通过成本加成的方式来吸收汇率波动，从而对汇率冲击的反应程度大幅下降。而对于低频组商品，无论在长期还是短期，都是主要通过成本加成的方式来吸收汇率波动，因此，价格粘性因素的存在对其影响较小。

7.7.2　价格粘性、调价频率与汇率传递：多轮调价样本

由于通常认为价格粘性仅在短期存在，所以上文通过考察不同调价频率商品的长期汇率传递（不存在价格粘性因素）和短期汇率传递（存在价格粘性因素），并进行初步的比较研究。接下来借鉴Bandt和Razafindrabe

（2014）的思路，采取一种更为直接的方法，即剔除样本期内调价次数少于两次的商品，从而保证所有的商品都有多轮调价，在此基础上进行回归并与表 7-9 的基准回归结果进行比较，探索剔除价格粘性因素后不同调价频率对汇率传递的影响有何不同。结果在表 7-10。

先看 A 组的总体样本长期汇率传递结果，可以发现，低频组的长期传递率高于表 7-9 中低频组的长期汇率传递水平，从 27% 上升到 32%，高频组的长期汇率传递程度也有所上升，从 67% 上升到 69%。说明剔除价格粘性因素对低频组和高频组的长期汇率传递程度的影响比较接近，都有小幅提升。

表 7-10　调价频率与汇率传递：多轮调价样本

样本	低频组			高频组			均值差异		观测值
	Freq	β_{low}	Prob>F	Freq	β_{low}	Prob>F	$\beta_{low}-\beta_{Hi}$	T 值	
A 组：调价频率与长期汇率传递									
总体	0.87	0.32**	0.026	2.66	0.69**	0.029	0.37***	35.26	3305212
食品	0.75	0.30**	0.045	2.03	0.64***	0.008	0.34***	29.14	1412253
烟酒	0.81	0.34**	0.044	2.67	0.71**	0.037	0.37***	5.68	191386
衣着	1.22	0.22**	0.012	3.85	0.59**	0.016	0.37***	17.66	241750
家庭	0.97	0.25**	0.026	2.74	0.58***	0.010	0.33***	20.28	474067
医疗	0.58	0.31*	0.076	1.99	0.72**	0.036	0.41***	48.37	773271
交通	0.92	0.23**	0.027	2.57	0.59**	0.039	0.36***	12.54	61276
教育	0.81	0.33*	0.036	2.31	0.72*	0.077	0.39***	21.38	142183
居住	0.51	0.28*	0.085	1.77	0.68**	0.026	0.40***	15.22	9026
B 组：调价频率与短期汇率传递									
总体	0.87	0.28***	0.002	2.66	0.58***	0.003	0.30	28.34	3305212
食品	0.75	0.26***	0.001	2.03	0.61***	0.002	0.35	29.77	1412253
烟酒	0.81	0.28**	0.021	2.67	0.58**	0.019	0.30	8.32	191386
衣着	1.22	0.22*	0.069	3.85	0.54*	0.058	0.32	16.55	241750
家庭	0.97	0.29**	0.005	2.74	0.56**	0.003	0.27	22.36	474067
医疗	0.58	0.27**	0.012	1.99	0.64**	0.015	0.37	54.37	773271
交通	0.92	0.26***	0.008	2.57	0.52**	0.012	0.26	11.58	61276
教育	0.81	0.28**	0.013	2.31	0.53**	0.026	0.25	23.56	142183
居住	0.51	0.27*	0.074	1.77	0.55*	0.065	0.28	12.19	9026

注：Freq 是指不同组别商品的平均频率。分别代表低频组和高频组的长期汇率传递系数，***、**、* 分别表示在 1%、5% 和 10% 水平上显著，代表回归系数的联合检验显著性。T 值代表均值检验的 t 统计量值。

接下来观察 B 组的短期汇率传递情况，根据总体样本回归结果，高频组的短期汇率传递与表 7-9 中高频组的短期汇率传递水平相比，从 39% 上升到 58%，有大幅上升。低频组的短期汇率传递与表 7-9 中低频组的短期汇率传递水平相比仅上升了 2%。说明剔除调价缓慢的商品对低频组的短期汇率传递程度的影响较小，对高频组的影响较大。考察所有分类样本的结果，也均可得出类似的结论。

综合上述结果，可以认为，价格粘性因素对不同调频频率商品的长期汇率传递影响较为一致，而对不同调频频率商品的短期汇率传递有异质性影响，即价格粘性因素对高频组商品的短期汇率传递率的抑制作用比较明显，而对低频组的短期汇率传递影响不大。

同时，观察表 7-10 总体样本和分类子样本所有回归的均值差异及其检验结果可以发现，剔除价格粘性因素后，高频组的汇率传递程度高于低频组的结果依然显著成立。这个事实也表明，不用担心汇率传递程度和调价频率之间的正相关关系是由于低频组样本中价格调整极端缓慢的商品数量过多而造成的。

7.7.3 稳健性分析

接下来根据联合国开发计划署《2010 年人文发展报告》的定义，把样本按照进口国来源，分为发达经济体和不发达经济体两类，分类考察不同经济发展水平的条件下调价频率对汇率传递水平的影响。结果在表 7-11 中报告。

表 7-11 调价频率与汇率传递：国别与分类样本

样本	低频组			高频组			均值差异		观测值
	Freq	β_{low}	Prob>F	Freq	β_{low}	Prob>F	$\beta_{low}-\beta_{Hi}$	T 值	
A 组：调价频率与长期汇率传递									
发达国家	0.26	0.21*	0.062	0.97	0.52*	0.076	0.31***	21.46	1593362
不发达国家	0.67	0.33**	0.033	3.12	0.76**	0.028	0.43***	27.31	2042810
食品	0.42	0.25**	0.034	1.93	0.62***	0.009	0.37***	31.25	1550827
工业	0.65	0.31**	0.025	2.85	0.61**	0.027	0.30***	18.47	1088307
服务	0.34	0.20**	0.044	1.47	0.43**	0.046	0.23***	23.62	997038

续表

样本	低频组			高频组			均值差异		观测值
	Freq	β_{low}	Prob>F	Freq	β_{low}	Prob>F	$\beta_{low}-\beta_{Hi}$	T 值	
B 组：调价频率与短期汇率传递									
发达国家	0.26	0.19***	0.004	0.97	0.36***	0.006	0.17***	20.33	1593362
不发达国家	0.67	0.30**	0.011	3.12	0.41**	0.012	0.11***	25.67	2042810
食品	0.42	0.26***	0.001	1.93	0.39***	0.003	0.13***	33.46	1550827
工业	0.65	0.29**	0.019	2.85	0.41**	0.024	0.12***	16.25	1088307
服务	0.34	0.17***	0.006	1.47	0.28***	0.007	0.11***	22.89	997038

注：Freq 是指不同组别商品的平均频率。分别代表低频组和高频组的长期汇率传递系数，***、**、* 分别表示在 1%、5% 和 10% 水平上显著，代表回归系数的联合检验显著性。T 值代表均值检验的 t 统计量值。

根据表 7-11 中 A 组的回归结果，来自发达经济体的商品样本，高频调价商品的长期传递率为 52%，相比而言，低频调价商品的长期传递率仅为 21%；对于不发达经济体的商品样本，高频组和低频组的长期传递率分别为 76% 和 33%，高频调价商品的长期传递率超过低频调价商品的两倍。从表 7-11 结果还可以观察到，不发达经济体的调价频率和长期汇率传递水平都高于不发达经济体。既有研究表明（Devereux 和 Yetman，2010），当价格变动的成本给定时（例如菜单成本），平均通胀率水平越高，企业会选择较高的价格调整频率。同时，价格变化的频率越高，汇率的传递程度越高。由于各国的通货膨胀水平不同，不发达经济体的通胀水平通常高于发达经济体（Choudhri 和 Hakura，2006），从而可能导致不发达经济体的调价频率和长期汇率传递水平都高于不发达经济体的现象。

表 7-11 中 B 组报告了短期汇率传递的结果。可以看出，来自发达经济体的商品样本中，高频调价商品的短期传递率为 36%，低频调价商品的短期传递率为 19%；对于不发达经济体的商品样本，高频组和低频组的传递率分别为 41% 和 30%，均表现出系统性差异。如果与表 7-11 中 A 组的长期回归结果比较，同样可以发现低频组的短期汇率传递水平下降较小，高频组的短期传递水平下降幅度较大。

为进一步探究不同类别商品汇率传递程度的异质性并验证结论的稳健性，按照文献的通用方法，把八大类商品划分为食品、工业消费品和服务三个大类，其中烟酒、衣着和家庭类商品归为工业消费品类，医疗、交通、教育及居住类商品归为服务类，分别估计不同类别的汇率传递程度。结果发现，对于食品类商品，高频商品的长期传递率为 62%，相比而言，低频商品的长期传递率仅为 25%。工业消费品和服务类商品也呈现出同样的规律。而且所有的均值差异检验都在 1% 的水平上显著。从短期汇率传递的结果中可以得到基本类似的结论，说明价格调整频率与汇率传递的正相关关系在长期和短期都成立的结论是稳健的。

7.8　小结

本章利用来自"一淘商品搜索"2010 年 12 月至 2013 年 12 月期间的产品层面价格数据，首次对进口商品价格的短期和长期汇率传递程度进行了估算，按照类别和国别考察了汇率传递程度异质性，并探讨了调价频率与汇率传递的关系。

在总体水平上，本章发现进口商品价格的短期汇率传递率为 37.5%，长期约上升到 42%～46%。同时，本章发现汇率传递主要是短期现象，表明汇率波动传递到进口商品价格的速度较快。分类别的研究结果表明，食品和工业消费品价格的短期和长期汇率传递程度都大于服务类商品。分国别的研究结果发现，与欧、美、日为代表的经济体相比，越南、菲律宾、泰国等发展中经济体的传递程度更高而边际成本加成的效应更低。

本章把进口商品根据调价频率分成高频和低频两类，并估计每个类别的长期和短期汇率传递。结果发现，价格调整频率和汇率传递之间确实存在系统性关系。价格调整频率影响长期汇率传递水平，平均调价频率高的商品的长期汇率传递率显著高于调整频率低的商品。短期汇率传递水平的估计结果同样表明，平均调整频率高的商品的短期汇率传递率显著高于调整频率低的商品。按照进口来源国、不同分类子样本分别进行回归，结论同样成立。但当本章把长期和短期的结果进行比较，发现了不同的结论。对于低频组，长期和短期汇率传递水平比较接近。但对于高频组，短期传递水平相比长期传递水平而言大幅下降。表明价格粘性因素对低频商品的影响较小，但对高频组的抑制作用比较明显。

本章的研究结论主要包含两方面的政策含义。一是汇率变动对进口消费品价格的传递程度较高，表明汇率渠道作为调控物价的工具之一，在人民币升值背景下，可以缓解输入型通胀压力。未来应通过外汇机制改革，继续提高人民币汇率"灵活性"，增强对输入型通胀和通缩调控的主动性。同时，研究结果表明汇率传递能够在较短时间内完成，表明汇率对价格水平的影响较为迅速，意味着通过汇率工具来调控物价是较为有效的政策选择。二是人民币汇率对进口价格的传递程度具有较强的国别异质性，意味着通过汇率手段来调整国际收支失衡和物价水平的效果具有差异。研究表明，中国与多数发展中国家——特别是东盟国家的汇率传递程度较高而边际成本加价效应较低，因此具备通过汇率手段调节贸易收支失衡和物价水平的基础。未来应进一步加强与发展中国家的双边贸易合作，改善总体贸易平衡，提升调控物价的效果。对于多数发达国家，人民币汇率传递程度较低而边际成本加价效应较高，意味着通过"汇率升值—抑制出口—扩大进口"的传导途径进而改善贸易收支顺差的效果可能较弱。因此调整与发达国家之间的贸易收支失衡需要超越汇率手段，一方面，应推出一系列的双边贸易政策组合，比如放松针对中国的技术出口限制，扩大中国的进口范围。另一方面，应积极推进我国经济增长模式改革和产业结构升级，通过提高生产率的方式来影响汇率传递弹性，从而增强汇率渠道对贸易失衡的调整作用。

8　研究结论及启示

8.1　主要研究结论

本书利用网络文本挖掘技术，收集来自互联网的商品信息，构建产品层面微观数据库，首次利用大样本产品级价格数据对中国商品市场的价格粘性、总量定价模式、价格粘性成因以及汇率传递等问题进行探讨。

主要的研究结论如下：

本书第四章对中国商品市场价格行为特征及名义价格粘性程度等的一些基本问题进行研究。研究发现：第一，相对于发达国家的价格粘性程度，我国价格粘性程度处于较低的水平。第二，不同类别商品之间的价格粘性程度具有很大的异质性。第三，通过区分价格向上粘性和向下粘性，发现中国商品市场不存在向下粘性。通过划分子样本分析，发现东部地区和中部地区价格粘性程度比较接近，均低于西部地区。进口品和非进口品的价格调价频率差异不大，相对而言，进口品的价格更为灵活。成交量在同类商品中排名前20的零售商调价更为频繁。第四，总体而言，零售商的价格调整是以价格下调为主，但价格上涨幅度大于下降幅度。

第五章对中国商品市场价格调整的幅度大小及其分布进行考察，识别总量定价模式，并采用通货膨胀方差分解方法进一步考察价格调整行为。发现价格调整幅度的分布呈双峰形态，与状态相关定价模型的预测一致

（Golosov 和 Lucas，2007），通货膨胀方差分解也发现总体定价模式与状态相关，从而回答了中国商品市场价格调整到底是时间相关还是状态相关的问题。

第六章对中国商品市场吉利数字偏好的存在性、尾数定价模式及其对价格粘性的影响进行了研究，试图从文化角度寻找价格粘性的原因。结果表明，不同于西方国家，由于传统文化的影响，中国商品市场存在明显的吉利数字偏好现象，吉利尾数定价模式对价格调整概率具有显著影响，文化因素是价格粘性成因的来源之一。

第七章利用微观数据对人民币汇率的短期和长期汇率传递程度进行了估算，并探讨了调价频率与汇率传递的关系。结果发现：（1）人民币汇率变动对进口商品价格的传递程度较高，短期传递率为37.5%，长期约为42%~46%，而且传递过程在较短时间内完成，表明升值能够较为有效地降低进口商品价格。分类研究发现，无论短期还是长期，汇率波动对食品类和工业消费品类的传递程度较为接近，都大于对服务类商品的传递率。（2）进一步选择20个代表性国家和地区作为样本，检验汇率传递程度的国别差异，发现越南、菲律宾、泰国等发展中经济体的汇率传递程度较高而边际成本加价的传递效应较低，欧盟、美国、日本等发达经济体的汇率传递程度较低而边际成本加价的传递效应较高，意味着需采用差别化政策来应对贸易失衡问题。（3）调价频率高的商品，平均而言，长期汇率传递至少是调价频率低的商品的2.5倍。根据短期汇率传递水平估计结果，发现高频调价商品的短期传递率也高于低频组。但低频调价商品的短期和长期汇率传递程度比较接近，高频调价商品的短期传递水平远低于长期传递水平，表明价格粘性因素对低频商品的影响较小，但对高频组的抑制作用比较明显。

8.2 宏观含义与政策启示

本书的研究利用微观数据讨论了宏观经济理论的若干基础问题。研究结论具有较为丰富的宏观含义与政策启示。

第一，关于价格粘性程度研究结论的宏观含义。首先，根据新凯恩斯理论，如果微观价格变动具有粘性，面临经济波动冲击不能迅速做出调整，则货币当局的货币政策能够影响商品和服务的真实产出。我们的研究表明，中国的名义价格粘性程度处于较低水平，说明中国的商品市场价格调整比较灵活，可能意味着扩张性货币政策对商品和服务的产出刺激作用较小。这一推断与徐建炜等（2012）的研究一致，他们的研究结论表明，中国劳动力市场的价格粘性程度处于世界较低水平，蕴含了与本书研究结论相似的宏观经济政策含义。其次，我们发现不同类别商品组内和组间都存在较强异质性。其宏观含义在于：一方面，不同类别商品的粘性特征所包含的信息能有助于我们更好理解通胀动态。CPI 八大类的价格粘性存在异质性，这意味着 CPI 各子成分对总体 CPI 的动态传导效应不同，我们发现衣着类商品价格最为灵活，预示着衣着类对 CPI 的正向传导较为明显，这与张成思（2009）的估计结果一致。另一方面，异质性的存在可能解释了微观粘性与宏观结果的差异。有研究表明，货币投放至少两个季度后才能影响总体物价水平（刘斌，2002；闫力、刘克宫、张次兰，2009），意味着中国商品市场需要 6 个月才能完成价格调整，蔡晓陈（2012）基于宏观数据的价格粘性研究表明价格平均持续时间为 3.4 ~ 8.1 个月，都显著大于本书基于微观数据的结论。根据 Carvalho（2006）的研究，价格变化频率的部门异质性，将会通过战略互补等机制对总体价格水平的调整速度产生影响，从而增加宏观水平上的价格粘性。我们的研究结果表明，中国商品市场不同部门的价格粘性存在较高程度的异质性，这种异质性可能会对总体价格水平的调整速度产生影响，从而增加宏观水平上的价格粘性，导致宏观层面的价格调整过程需要更长的时期。

第二，关于总量定价模式的宏观含义。现代宏观经济理论的一个重要结论是不同微观价格生成机制所决定的总量价格定价模式具有截然不同的宏观经济影响。一般认为，总量价格定价模式主要分为时间相关定价（Time Dependent Pricing，TDP）和状态相关定价（State Dependent Pricing，SDP）

两类。时间相关定价模式中企业的价格确定取决于时间因素，因此，企业的调价行为对外界因素冲击的响应速度较慢，总体价格水平的调整不够灵活，货币政策对总产出的刺激作用具有较持久的影响。相比而言，状态相关定价模式强调企业能够在任何时候更改价格，但必须支付调价带来的"菜单成本"。企业通过比较调价收益和调价的"菜单成本"，选择是否改变产品的价格以应对冲击，由于这种"选择效应"的存在，价格水平能够相对迅速响应经济波动冲击，这时货币政策对总产出的刺激作用将更为短暂。我们的研究发现中国商品市场的总量定价模式主要与状态相关，表明中国商品市场企业定价存在一定程度的"选择效应"，价格水平能够相对迅速地响应经济波动冲击。同时，我们的研究结果表明基于 SDP 分析框架的模型更符合中国的经验事实，为宏观经济模型中厂商调整价格规则提供了具体的经验证据。

第三，关于尾数定价与价格粘性研究的宏观含义。首先，不同国家或地区特殊的传统文化因素可能对商品市场的价格调整产生特殊的影响。对于理论研究来说，如果文化因素引起的尾数定价模式是价格粘性的来源，那么在我们所构建的宏观经济模型中应该体现这种因素的影响，才能更符合本国经济实际情况。本书的研究有助于深入认识和理解中国商品市场定价行为，也为构建符合中国经济实际的宏观模型提供了新的微观证据。其次，从文化习俗与市场经济关系的视角看，这意味着文化习俗不仅影响市场经济的制度基础，而且直接影响商品市场的运作模式进而对整个宏观经济产生影响，今后的研究应该深入挖掘各种文化传统等非经济因素的特点，才能更加全面细致地了解市场体系的运作情况。

第四，关于人民币汇率传递研究的宏观含义与政策启示。首先，发现汇率变动对进口消费品价格的传递程度较高，表明汇率渠道作为调控物价的工具之一，在人民币升值背景下，可以缓解输入型通胀压力。未来应通过外汇机制改革，继续提高人民币汇率"灵活性"，增强对输入型通胀和通缩调控的主动性。同时，研究结果表明汇率传递能够在较短时间完成，表明汇率对价格水平的影响较为迅速，意味着通过汇率工具来调控物价是较为有效的政策选择。其次，人民币汇率对进口价格的传递程度具有较强的国别异质性，意味着通过汇率手段来调整国际收支失衡和物价水平的效果具有差异。本书研究表明，中国与多数发展中国家——特别是东盟国家的汇率传递程度较高而边际成本加价效应较低，因此具备通过汇率手段调节贸易收支失衡和物价水平的基础。未来应进一步加强与发展中国家的双边贸易合作，改善总体贸易平衡，提升调控物价的效果。对于多数发达国家，人民币汇率传递程度较低而边际成本加价效应较高，意味着通过"汇率升值—抑制出口—扩大进口"的传导途径进而改善贸易收支顺差的效果可能较弱。因此调整与发达国家之间的贸易收支失衡需要超越汇率手段，一方面，应推出一系列的双边贸易政策组合，比如放松针对中国的技术出口限制，扩大中国的进口范围。另一方面，应积极推进我国经济增长模式改革和产业结构升级，通过提高生产率的方式来影响汇率传递弹性，从而增强汇率渠道对贸易失衡的调整作用。

8.3　未来之路

本书围绕价格粘性的主题，探讨了价格粘性的测度、总量定价模式的识别、尾数定价理论以及汇率传递等多个话题，涉及不同领域的知识，对一些问题的研究难免"言之不全，论之不深"，需要在未来继续完善。

首先，关于中国商品市场总量定价模式的讨论仍然属于浅尝辄止。本书从静态角度考察了价格调整幅度分布和通货膨胀的方差分解结论并据此判断总量定价模式，虽然具有一定合理性，但还不够全面深入。至少还可以从两方面进行改进：其一，需要引入时间维度，从动态角度研究价格调整的风险率、风险函数、价格同步与战略互补等价格调整动态特征，避免从静态角度考察时强加的价格调整概率在样本期内为常数的假定，因此动态考察的结论更符合现实。其二，不管从静态还是动态角度考察价格调整总体特征，都属于典型事实研究。根据这些典型事实，与既有的 SDP 和 TDP 理论模型对价格调整行为的预测结果进行对比，从而判断总量价格的调整模型。这种研究方法得到的证据还不够直接，属于探索性研究，并没有严格的因果关系成立。因此有必要采用更为严格的计量经济学分析，构造回归模型，考察时间相关的代理变量和状态相关的代理变量对价格调整的影响，从而寻找总量定价模式的直接证据。

其次，对于微观结论的宏观含义探讨有必要进一步形式化。目前本书对价格粘性进行了测度，并初步探讨了总量定价模式，为宏观经济模型的构建提供了来自微观数据的证据。未来需要建立基于价格粘性的动态随机一般均衡模型，根据本书的研究结论，设定相应的定价模式和具体的调整参数，结合我国实际进行校准，构建基于中国现实的定制结构模型，进而对中国的宏观经济行为进行刻画，用于货币政策、国际贸易等宏观经济政策讨论。

再次，对于开放条件下的研究还不够深入。目前主要对人民币汇率对进口价格的传递程度问题进行了探讨，未来需要考察人民币汇率对消费品价格的传递程度，并进行对比研究，揭示传递程度差异的背后原因。同时，对于价格粘性与汇率不完全传递关系的讨论，未来需要构建正式的理论模型与计量模型，提炼影响机制并进行因果关系检验。

另外，关于本书所使用的网络数据还需要完善。其一，目前所收集的主要是国内数据，未来需要收集更多的国际数据，从而可以进一步探讨进出口汇率传递、一价定律和购买力平价等问题。其二，需要收集来自传统渠道的微观数据，进行对比研究，找出数据方面的潜在差异及其对结果的影响，以便保证研究结论的一般性。

总之，更好的研究永远在路上，唯有行动起来，才能减少未知的困惑，收获已知的精彩！

附录 1 分类别价格粘性估算结果明细表

商品类别及品名	含促销				剔除促销			
	GR 法		BK 法		GR 法		BK 法	
	频率（%）	周期（天）	频率（%）	周期（天）	频率（%）	周期（天）	频率（%）	周期（天）
一、食品								
1. 粮食								
大米	1.16	86	1.76	57	0.96	105	1.3	77
面粉	0.94	107	1.48	67	0.77	130	1.22	82
粮食制品	0.90	112	1.52	66	0.74	134	1.15	87
其他	1.05	95	1.71	58	0.84	119	1.22	82
2. 淀粉及制品								
淀粉及制品	1.06	94	2.07	48	0.79	126	1.28	78
3. 干豆类及豆制品								
干豆	1.12	90	1.73	58	0.82	122	1.27	79
豆制品	1.40	72	2.30	43	0.98	102	1.46	69
4. 油脂								
食用植物油	1.94	52	2.69	37	1.28	78	1.8	55
植物油制品	0.97	103	1.38	73	0.87	115	1.15	87
5. 肉禽及其制品								
猪肉	1.36	74	2.30	43	0.92	109	1.38	73
畜肉制品	1.12	89	1.73	58	0.82	122	1.17	86
禽制品	1.47	68	2.44	41	0.98	103	1.57	64
6. 蛋								
鲜蛋	1.32	76	2.15	46	0.98	102	1.45	69
蛋制品	1.23	81	1.77	56	1.03	97	1.34	75
7. 水产品								
海水鱼	1.33	75	1.85	54	0.92	109	1.38	73

续表

商品类别及品名	含促销				剔除促销			
	GR 法		BK 法		GR 法		BK 法	
	频率（%）	周期（天）	频率（%）	周期（天）	频率（%）	周期（天）	频率（%）	周期（天）
虾蟹类	1.44	69	1.97	51	1.05	95	1.42	70
其他	1.22	82	1.81	55	0.89	112	1.32	76
8. 菜								
鲜菜	1.49	67	2.30	43	1.01	99	1.48	68
干菜及菜制品	0.91	110	1.78	56	0.76	132	1.19	84
薯类	0.97	103	1.90	53	0.70	143	1.21	83
9. 调味品								
食用盐	0.67	149	0.97	103	0.63	159	0.8	125
酱油	0.96	105	1.55	64	0.79	127	1.28	78
食醋	0.91	110	1.51	66	0.73	136	1.14	88
味精	0.75	134	1.42	71	0.66	151	1.08	93
其他	0.89	113	1.43	70	0.82	123	1.15	87
10. 糖								
食糖	2.08	48	2.75	36	1.42	70	1.87	53
糖果	1.15	87	1.85	54	0.88	113	1.29	77
巧克力制品	1.28	78	1.94	52	1.01	99	1.49	67
糖类小食品	1.00	101	1.60	62	0.79	127	1.16	86
11. 茶及饮料								
茶叶	1.31	76	2.18	46	0.99	101	1.42	70
固体饮料	1.16	86	1.82	55	0.91	110	1.3	77
液态饮料	1.16	86	1.94	52	0.94	106	1.47	68
12. 干鲜瓜果								
鲜瓜果	1.24	81	1.96	51	1.04	97	1.5	67
干（坚）果	1.42	71	2.07	48	0.94	106	1.45	69
13. 糕点饼干面包								
糕点	1.12	89	1.92	52	0.88	114	1.43	70
饼干	1.10	91	1.66	60	0.88	114	1.18	84
面包	1.13	89	1.92	52	0.85	118	1.33	75
14. 液体乳及乳制品								
巴氏杀菌乳或灭菌乳	2.08	48	2.92	34	1.46	69	1.96	51
乳粉	0.84	119	1.21	83	0.70	143	0.93	107
其他	1.27	79	2.00	50	0.94	107	1.29	78
15. 其他食品								
其他食品	1.23	81	2.00	50	0.83	120	1.43	70
二、烟酒								
1. 烟草								
其他	1.61	62	2.42	41	1.18	85	1.64	61
2. 酒								
白酒	1.26	79	2.07	48	0.96	105	1.4	71

商品类别及品名	含促销				剔除促销			
	GR 法		BK 法		GR 法		BK 法	
	频率（%）	周期（天）	频率（%）	周期（天）	频率（%）	周期（天）	频率（%）	周期（天）
葡萄酒	1.40	71	2.28	44	0.82	122	1.4	72
啤酒	1.36	74	1.99	50	1.07	93	1.5	67
其他	1.18	85	2.41	41	0.88	114	1.75	57
三、衣着								
1.服装								
（1）男式服装								
大衣	2.22	45	3.04	33	1.57	64	1.96	51
毛线衣	2.29	44	3.14	32	1.64	61	2.12	47
夹克衫	2.22	45	3.10	32	1.68	59	2.17	46
衬衫	1.94	52	2.72	37	1.32	76	1.79	56
T 恤衫	4.00	25	4.45	22	2.85	35	3.19	31
裤子	2.27	44	3.28	31	1.58	63	2.07	48
西服	1.79	56	2.67	37	1.30	77	1.69	59
运动衫裤	1.35	74	2.27	44	1.01	99	1.47	68
内衣	1.55	65	2.50	40	1.10	91	1.49	67
羽绒衣	2.32	43	3.23	31	1.61	62	2.25	44
其他	2.32	43	3.10	32	1.59	63	2.03	49
（2）女式服装								
大衣	2.22	45	3.15	32	1.53	66	2	50
毛线衣	2.34	43	3.25	31	1.62	62	2.17	46
羽绒衣	2.23	45	2.96	34	1.55	64	1.97	51
套装	1.64	61	2.47	40	1.12	89	1.55	64
衬衫	1.89	53	2.48	40	1.28	78	1.63	61
T 恤衫	1.65	61	2.42	41	1.05	96	1.54	65
裙子	1.72	58	2.53	39	1.18	85	1.58	63
裤子	1.78	56	2.56	39	1.30	77	1.73	58
运动衫裤	1.50	67	2.32	43	1.22	82	1.73	58
内衣	1.88	53	2.88	35	1.36	74	1.81	55
其他	1.99	50	2.87	35	1.38	72	1.81	55
（3）儿童服装								
上衣	2.49	40	3.41	29	1.71	58	2.17	46
裤子	2.29	44	2.95	34	1.56	64	1.96	51
裙子	2.38	42	3.14	32	1.60	62	2.03	49
其他	1.57	64	2.54	39	1.25	80	1.67	60
2.衣着材料								
棉布	2.02	49	2.88	35	1.02	98	1.67	60
化纤布	2.21	45	3.19	31	1.53	65	2.06	48
毛线	2.31	43	3.52	28	1.17	85	1.74	57
其他	0.81	123	1.55	64	0.69	144	1.06	94

续表

商品类别及品名	含促销				剔除促销			
	GR 法		BK 法		GR 法		BK 法	
	频率（%）	周期（天）	频率（%）	周期（天）	频率（%）	周期（天）	频率（%）	周期（天）
3. 鞋袜帽								
男鞋	2.33	43	3.24	31	1.62	62	2.07	48
女鞋	1.94	52	2.85	35	1.34	75	1.78	56
童鞋	2.06	49	2.58	39	1.38	73	1.79	56
男袜	2.32	43	3.35	30	1.72	58	2.47	40
女袜	1.51	66	2.49	40	1.11	90	1.54	65
男帽	2.06	49	2.92	34	1.54	65	1.94	52
女帽	1.62	62	2.49	40	1.16	86	1.61	62
四、家庭设备用品及维修服务								
1. 耐用消费品								
（1）家具								
柜	2.23	45	3.28	31	1.51	66	2.06	49
床	1.79	56	2.81	36	1.31	76	1.8	55
桌	1.88	53	3.09	32	1.34	75	1.87	53
椅	1.62	62	2.57	39	1.28	78	1.72	58
沙发	1.53	65	2.49	40	1.17	86	1.63	61
其他	2.25	45	3.28	30	1.40	72	2	50
（2）家庭设备								
洗衣机	1.49	67	2.97	34	1.15	87	2.15	46
电风扇	1.10	91	1.91	52	0.92	109	1.49	67
电冰箱	1.48	67	2.95	34	1.18	85	2.17	46
吸排油烟机	1.19	84	2.30	43	0.92	109	1.48	67
空调器	1.23	81	2.60	38	1.00	101	1.88	53
热水器	0.99	101	1.65	61	0.81	124	1.26	80
微波炉	1.61	62	2.51	40	1.21	82	1.75	57
其他	1.55	64	2.58	39	1.16	86	1.77	57
2. 室内装饰品								
纺织装饰物	0.95	105	2.17	46	0.80	125	1.45	69
装饰灯具	0.56	180	0.92	109	0.56	180	0.75	133
其他	0.70	143	1.48	68	0.47	211	0.95	106
3. 床上用品								
被子	2.03	49	3.17	32	1.39	72	1.85	54
床上套件	1.96	51	3.02	33	1.34	74	1.85	54
其他	2.09	48	3.52	28	1.40	71	1.71	58
4. 家庭日用杂品								
茶具	1.40	71	2.48	40	1.13	88	1.57	64
餐具	1.36	74	2.56	39	1.00	100	1.65	61
厨具	1.92	52	3.10	32	1.32	76	1.85	54

商品类别及品名	含促销				剔除促销			
	GR法		BK法		GR法		BK法	
	频率（%）	周期（天）	频率（%）	周期（天）	频率（%）	周期（天）	频率（%）	周期（天）
家用手工工具	1.45	69	2.37	42	1.08	93	1.59	63
洗涤用品	1.21	82	2.10	48	0.77	130	1.36	73
其他	1.33	75	2.47	41	0.94	107	1.55	65
五、医疗保健和个人用品								
1. 医疗保健								
（1）医疗器具及用品								
医疗器具及用品	0.85	118	1.60	62	0.76	132	1.14	87
（2）中药材及中成药								
中药材	0.79	126	1.48	68	0.79	126	0.89	112
中成药	0.63	158	1.08	92	0.54	184	0.81	124
（3）西药								
抗菌素（抗感染药）	0.44	230	0.56	178	0.39	256	0.47	212
消化系统用药	0.60	166	0.75	134	0.50	199	0.64	157
呼吸系统用药	0.60	166	0.83	120	0.55	181	0.76	132
解热镇痛药	0.56	178	0.71	142	0.51	198	0.64	157
中枢神经系统用药	0.50	200	0.69	146	0.50	202	0.62	161
消毒防腐及创伤外科药	0.92	109	1.50	67	0.70	143	1.02	98
泌尿系统用药	0.50	199	0.67	149	0.48	210	0.63	159
维生素类	0.78	129	1.25	80	0.72	138	1.05	95
其他	0.62	162	0.79	127	0.55	182	0.62	162
（4）保健器具及用品								
保健器具	1.38	72	2.36	42	0.96	104	1.49	67
滋补保健用品	1.50	67	2.44	41	1.01	99	1.4	72
2. 个人用品及服务								
（1）化妆美容用品								
化妆美容器具	0.65	153	1.59	63	0.53	188	1.18	85
美容化妆品	1.84	54	2.62	38	1.24	81	1.85	54
护肤品	1.76	57	2.71	37	1.15	87	1.77	56
护发美容品	1.42	70	2.20	46	0.88	113	1.4	71
（2）清洁类化妆品								
洗发用品	1.57	64	2.73	37	1.13	88	1.93	52
洗浴用品	1.40	72	2.32	43	0.94	106	1.59	63
其他	1.32	76	2.17	46	0.95	105	1.42	71
（3）个人饰品								
首饰	1.12	90	2.25	44	0.83	121	1.57	64
皮件	1.67	60	2.62	38	1.23	81	1.67	60
手表	1.77	57	3.15	32	1.15	87	1.74	58
领带	1.41	71	2.24	45	1.11	90	1.44	69

续表

商品类别及品名	含促销				剔除促销			
	GR 法		BK 法		GR 法		BK 法	
	频率（%）	周期（天）	频率（%）	周期（天）	频率（%）	周期（天）	频率（%）	周期（天）
其他	2.08	48	2.68	37	1.35	74	1.67	60
六、交通与通信								
1. 交通								
自行车	1.19	84	2.48	40	0.78	128	1.32	76
助动自行车	0.92	108	0.92	108	0.42	241	0.42	241
零配件	1.55	64	2.71	37	1.09	92	1.53	65
其他	0.86	117	1.86	54	0.70	142	1.27	79
2. 通信								
固定电话机	1.39	72	2.71	37	1.25	80	2.34	43
移动电话机	1.95	51	3.25	31	1.64	61	2.67	38
移动通信费	2.18	46	2.91	34	1.95	51	2.62	38
七、娱乐教育文化用品及服务								
1. 文娱用品耐用消费品及服务								
电视机	1.73	58	3.09	32	1.40	72	2.24	45
激光视盘机	1.49	67	2.70	37	1.01	99	1.74	58
摄像机	1.27	79	2.25	44	1.09	92	1.81	55
照相机	1.62	62	2.62	38	1.43	70	2.2	46
家用音响	1.19	84	2.37	42	0.95	105	1.63	61
便携式音响	1.23	82	2.28	44	0.95	105	1.56	64
电脑	1.69	59	2.97	34	1.38	73	2.36	42
其他	0.88	114	1.95	51	0.71	140	1.33	75
2. 教育								
工具书	0.53	188	0.64	156	0.51	197	0.5	202
教材	0.72	138	0.94	106	0.65	155	0.78	129
参考书	0.75	133	1.38	72	0.77	130	1.11	90
教育软件	0.58	172	1.19	84	0.41	244	0.9	111
3. 文化娱乐								
（1）文化娱乐用品								
乐器	0.72	139	1.29	78	0.61	163	0.92	109
音像光盘和视盘	0.52	194	1.27	79	0.46	218	0.96	104
电子存储器	1.39	72	2.13	47	1.21	82	1.77	56
儿童玩具	1.38	72	2.35	42	1.16	86	1.69	59
文具	1.11	90	1.80	56	0.90	111	1.17	86
体育用品	1.42	70	2.24	45	1.04	96	1.53	65
其他	1.40	72	2.49	40	1.15	87	1.6	63
（2）书报杂志								
书籍	0.71	141	1.42	71	0.68	147	1.12	89
杂志	0.57	176	0.73	136	0.53	189	0.62	162

商品类别及品名	含促销				剔除促销			
	GR 法		BK 法		GR 法		BK 法	
	频率（%）	周期（天）	频率（%）	周期（天）	频率（%）	周期（天）	频率（%）	周期（天）
（3）文娱费								
景点门票	1.47	68	5.92	17	1.28	78	4.31	23
其他	1.01	99	1.82	55	0.98	102	1.64	61
4.旅游								
旅行社收费	0.83	121	1.42	70	0.77	130	1.19	84
八、居住								
1.建房及装修材料								
木材	0.60	167	1.04	96	0.52	192	0.83	120
木地板	1.60	63	2.43	41	1.11	90	1.54	65
砖	0.78	129	1.30	77	0.78	129	1	100
水泥	0.85	118	1.00	100	0.73	137	0.83	121
涂料	0.68	146	0.97	103	0.63	160	0.84	118
板材	0.32	316	0.47	215	0.32	317	0.43	234
玻璃	0.57	175	0.82	121	0.51	196	0.7	144
厨卫设备	1.39	72	2.47	40	1.14	87	1.48	68
其他	0.57	174	0.74	136	0.57	174	0.72	139

附录2　网络数据获取与处理

一、文本挖掘过程（Text Mining）

信息技术的进步和网络时代的到来推动了"数据民主化"（Data Democratization）的进程，普通用户通过网络可以轻松获得从科技资料、商业信息到新闻报道、娱乐资讯等多种类别和形式的信息，并在一定的计算能力和技术支持下从海量的公开数据中发现有价值的分析结果，例如欧美多国政府推动的"Open Data"项目。英特尔公司赞助策划的"公民黑客日"活动，主要方式就是召集美国全国的普通消费者、程序员、企业家、研究人员，利用公开的数据、软件和工具来帮助联邦政府解决重大的社会问题（例如城市规划、环境保护、犯罪分析、反腐败等等）。本质上，互联网的这些信息构成了一个异常庞大的具有异构性、开放性特点的分布式数据库，其中存放的主要是非结构化的文本数据。

来自网络服务器的数据可能是高度非结构化的，如 HTML 网页；也可能是半结构化的，如 E-mail 消息和一些 XML 网页；其他的则可能是良结构化的。良结构化文本数据的典型代表是图书馆数据库中的文档，这些文档可能包含结构字段，如标题、作者、出版日期、长度、分类等等，也可能包含大量非结构化文本成分，如摘要和内容。通常，具有较好结构的文本数据库可以使用关系数据库系统实现，而对非结构化的文本成分需要采用特殊的处理方法对其进行转化。文本挖掘（Text Mining）就是一个从非结构化文本信息中获取用户感兴趣或者有用的模式的过程。接下来具体介绍如何提取和转化这些文本类的信息。

二、网络文本挖掘及其方法

文本挖掘是以半结构（网页）或者无结构（如纯文本）的自然语言文本为对象的数据挖掘，因此又被称为文本数据挖掘。文本挖掘是自然语言处理（Natural Language Processing，简称 NLP）的范畴之一。

网络文本挖掘的主要步骤如下：首先，从网络上下载文本，这些文本主要包括纯文本、PDF 文本和 HTML 网页等。其次，对于 PDF 文本，需要将其转换为纯文本；而对于 HTML 网页，需要提取其中的正文信息和其他有用信息（如标题、网址和日期等）。第三，对正文信息进行文本"脱水"处理，所谓"脱水"，是指去除文本中的无用信息。第四，对脱水后的文本进行模式识别，找出需要的信息。最后，对提取出来的信息进行量化分析。网络文本挖掘的一般流程如附录图 1 所示。

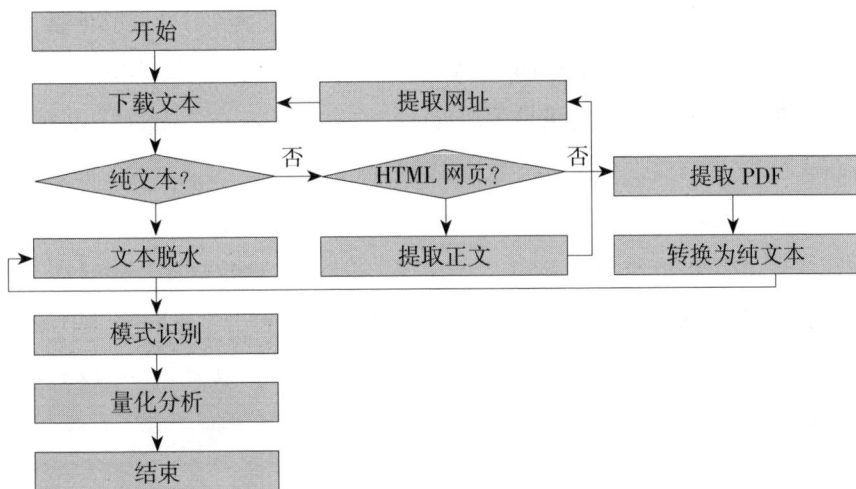

附录图 1　网络文本挖掘流程图

三、文本下载和文本提取

文本下载可分为文件下载和网页下载两类，文件下载较为简单，Windows 用户可使用开源的 Wget 工具进行下载，可用于下载纯文本和 PDF 格式文件。Wget 本身为命令行形式，可被其他编程语言如 MATLAB 调用。

网页下载又分为 AJAX/Javascript 动态页面下载、服务器动态网页下载、静态页面下载等，有些网页还设置有鉴权认证机制。静态网页下载较为简单，可使用 MATLAB 的自带函数 Urlread，但 Urlread 不能用于动态网页的下载。对于动态网页和需要提供认证的网页下载，可以使用更为专业的网络爬虫软件。

我们使用 MetaSeeker 软件进行网页下载。MetaSeeker 是一个 Web 网页信息提取工具包，能够按照用户的指导，从 Web 页面上筛选出需要的信息，并输出含有语义结构的提取结果文件（XML 文件）。Web 页面显示的信息是给人阅读的，对于机器来说，是无结构的，MetaSeeker 解决了一个关键问题：将无结构的 Web 页面信息转换成有结构的适于机器处理的信息，因此可以应用于专业搜索、Mashup 和 Web 数据挖掘领域。具体使用方法可登录该软件官方网站查看用户手册 http：//www.gooseeker.com/cn/node/home/front。

通过 Metaseeker 工具包，可以很容易地将目标页面中感兴趣的内容提取出来，并将提取结果以 XML 文件格式保存到本地数据库。附录图 2 是我们提取的某网页的 XML 文件结果。从图中可以看出，提取的 XML 中包含了许多有用信息。这些信息都是在 Metaseeker 工具包中定义好以后自动抽取而来的。

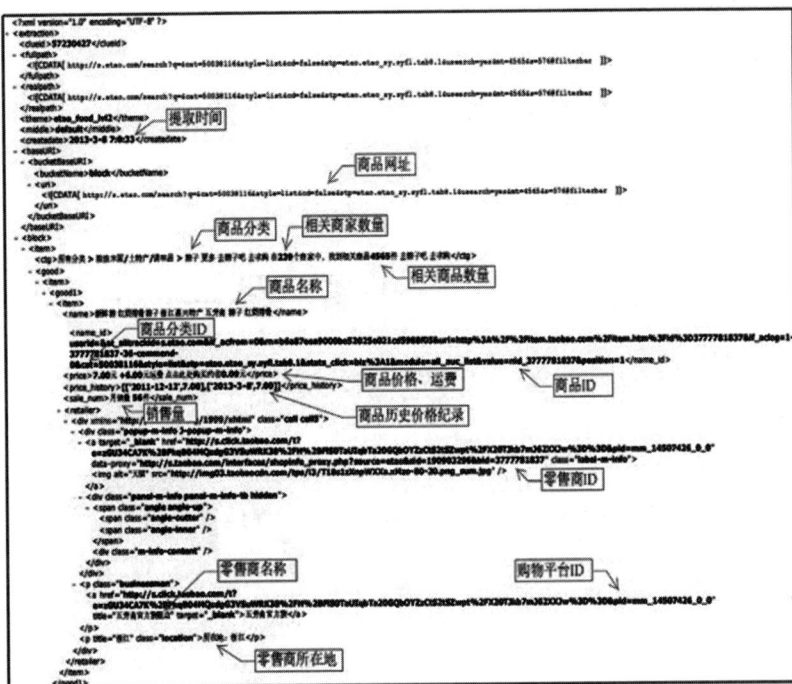

附录图 2　某网页的 XML 文件结果

　　注：数据来源于本书数据库。"一淘网"的每个网页至少包含 40 个以上的商品信息，图中仅展示了单个商品的信息。图中商品为任意选取，有些商品的信息量可能更大，比如上述指示框中的信息外，如果该商品的成交量排名前 20，则会有相应的标识信息等等。但所有商品的信息结构是一样的。

四、文本"脱水"

　　XML 文件也是半结构化的，需要对 XML 文件进行"清洗"（也就是所谓的脱水），提取其中的正文信息和其他有用信息，去除 XML 文件中的标签等无用信息。例如价格信息包含在自定义的两个"Price"标签之间，可以根据这两个标签进行定位，提取标签之间的内容，得到所需要的包含价格信息的纯文本信息。我们用 C# 语言编写数据清洗程序，对 XML 文件中的有用文本信息进行抽取，将清洗完成的数据保存为逗号分隔符（Comma Separated Value，简称 CSV）文件格式。附录图 3 是我们编写的"一淘网"数据清洗程序运行界面，只需要在对话框中输入源数据文件夹所在地址和目标数据文件夹地址，就可以将保存在本地硬盘的 XML 文件转换为 CSV 文件。附录图 4 是某 XML 文件转换后的 CSV 文件。

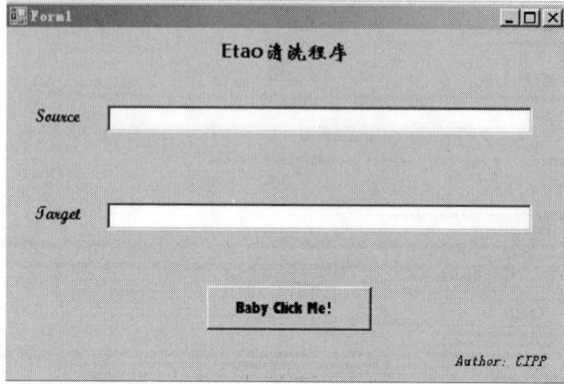

附录图3　"一淘网"数据清洗程序运行界面

注：每个网站的网页结构和展示的商品信息不同，提取的 XML 文件结果随之不同，因此要针对不同的网站开发不同的清洗程序。此处仅展示了"一淘网"的清洗程序运行界面。目前有关网页下载的爬虫软件较多，但还缺乏后续的能够实现数据清洗、模式识别和入库功能的软件，本研究小组正在致力于这一工作，希望能够开发出更具通用性的数据处理工具包，以方便网络数据的开发利用。

附录图4　某 XML 文件转换后的 CSV 文件

注：数据来源于本书数据库。CSV 文件可以通过 EXECL、STATA、SAS 等程序读入并分析，但此处的 CSV 文件还不能直接使用，每个变量中包含的信息还需要进一步细分，比如价格变量中包含了商品价格和邮费信息，因此接下来要通过模式识别将这些信息分离并保存在不同的变量中。

五、模式识别

虽然 CSV 文件可以通过传统数据库进行处理，但此阶段的 CSV 文件中的变量都包含复合化的数据信息，还不能直接使用，通常把这种数据称为"脏"数据（Dirty Data），需要通过模式识别对这些变量进行进一步分离。模式识别和文本脱水所用的方法类似，都需要对文本进行模式匹配，区别在于，文本脱水是删除符合特定模式的文本，而模式识别是找出符合特定模式的文本。

模式识别的过程较为复杂，需要通过正则表达式来精确定义具体识别规则，比如要把图 2 中 name_id 变量的商品分类 ID 提取出来，首先通过大量观察，可以发现分类 ID 包含在字符串"&cat=50038116&"中，接下来就把这种带有规律性的表达方式转化为正则表达式，并与 name_id 变量进行匹配，如果发现 name_id 变量中字符串符合"&cat=XXX&"模式，则将其中的"XXX"字符串提取出来。因此主要思路就是针对不同变量找出符合特定模式的文本。除此以外，还要考虑匹配规则的稳健性，当匹配过程中没有发现符合匹配规则的字符串，则要将该变量内容输出到屏幕上供检查，如果发现有不同的字符串表达规律，则要设计新的匹配规则并加入到匹配规则选项中，直到所有的匹配模式都包含在选项中为止。我们将 CSV 文件读入 SAS 软件，通过编写 SAS 程序来完成模式识别。通过上述步骤，将每天"抓取"的数据进行清洗和模式识别后添加到本地数据库中，形成可供进一步处理的基础数据库。

不同网站来源的源代码结构不同，模式识别的程序差异非常大，可获得的数据信息也不同，我们针对不同网站编写了不同的模式识别规则，比如一淘、当当、天猫、一号店、阿里巴巴、京东商城等网站，并把所有这些源代码进行分类封装，实现自动化处理，部分网站的 SAS 程序的运行界面如附录图 5 所示。附录图 6 是识别完成后的数据格式。可以看出，已经转化为结构化的形式，可以为传统软件工具进行处理。

附录图 5　模式识别程序运行界面

注：只需要在此程序界面输入相应网站名称、CSV 文件地址、转换日期，即可调用对应的识别程序进行模式识别，并自动保存为以网站名称和转换日期命名的目标数据文件，同时添加到相应的数据库中。

附录图 6　模式识别后的数据文件

注：数据来源于本书数据库，此处仅展示了部分变量的转换结果，比如分类变量 ctg 最细分到五级，从 ctg1—ctg5，此处仅展示了三级，其他变量还包括各种 ID、咨询数、卖家数、相关商品数、销售量、邮费等二十多个变量。

参考文献

［1］Abe，Naohito & Akiyuki Tonogi. Micro and Macro Price Dynamics in Daily Data ［J］. Journal of Monetary Economics，2011，57（6）：716‑728.

［2］Alvarez，Fernando E.，Francesco Lippi & Luigi Paciello. Optimal Price Setting with Observation and Menu Costs ［R］. NBER Working Paper Series，No. 15852，2010.

［3］Anderson E. T. & Simester D. I. Price Stickiness and Customer Antagonism ［J］. Quarterly Journal of Economics，2012，125（2）：729‑765.

［4］Anderson J. & Wincoop E.Trade Costs ［J］. Journal of Economic Literature，2004，42（3）：691‑751.

［5］Antoniades A & Zaniboni N. Retailer Pass‑Through and Its Determinants Using Scanner Data ［R］. Georgetown University Working Paper，2012.

［6］Arellano M.，& Bond S.Some Tests of Specification for Panel Data：Monte Carlo Evidence and an Application to Employment Equations ［J］. Review of Economic Studies，1991，58（2）：277‑297.

［7］Arellano M. & Bover O. Another Look at the Instrumental Variable Estimation of Error‑components Models ［J］. Journal of Econometrics，1995，68（1）：29‑51.

［8］Aron J.，R. MacDonald & J. Muellbauer.Exchange Rate Pass‑through in

Developing and Emerging Markets: a Survey of Conceptual and Policy Issues, and Empirical Findings [J]. Journal of Development Studies, 2014, 50 (1): 101-143.

[9] Atkeson A. & A. Burnstein.Pricing To Market, Trade Costs, and International Relative Prices [J]. American Economic Review, 2008, 98 (5): 1999-2031.

[10] Auer R. & Chaney T.Exchange Rate Pass-Through in a Competitive Model of Pricing-to-Market [J]. Journal of Money, Credit and Banking, 2009, 41 (1): 151-175.

[11] Bailliu J. & Fujii E.Exchange Rate Pass-Through and the Inflation Environment in Industrialized Countries: An Empirical Investigation [R]. Bank of Canada Working Papers, 2004.

[12] Baldwin R. & Harrigan J. Zeros, Quality, and Space: Trade Theory and Trade Evidence [J]. American Economic Journal: Microeconomics, 2011, 3 (2): 60-88.

[13] Ball L.& Romer D. Real Rigidities and the Non-neutrality of Money [J]. Review of Economic Studies, 1990, 57 (2): 183-203.

[14] Barro R. A Theory of Monopolistic Price Adjustment [J]. Review of Economic Studies, 1972, 39 (1): 17-26.

[15] Basu K.Why Are So Many Goods Priced to End in Nine? And Why This Practice Hurts the Producers [J]. Economics Letters, 1997, 54: 41-4.

[16] Baudry L. B. Sevestre & Tarrieu.What do Thirteen Million Price Records have to Say about Consumer Price Rigidity? [J]. Oxford Bulletin of Economics and Statistics, 2007, 69 (2): 139-183.

[17] Benjamin Edelman.Using Internet Data for Economic Research [J]. Journal of Economic Perspectives, 2012, 26 (2): 189-206.

[18] Berger D., Faust J., Rogers J. H. et al.Border Prices and Retail Prices [J]. Journal of International Economics, 2012, 88 (1): 62-73.

［19］Bergin, P. R.& R. C. Feenstra. Pricing-to-Market, Staggered Contracts and Real Exchange Rate Persistence ［J］. Journal of International Economics, 2001, 54: 333-359.

［20］Berman N., Martin P. & T. Mayer.How Do Different Exporters React to Exchange Rate Changes ? ［J］. Quarterly Journal of Economics, 2012, 127（1）: 437-492.

［21］Berner, Eike.Exchange Rate Pass-Through: New Evidence from German Micro Data ［J］. International Economics, 2010, 124, 75-100.

［22］Betts C. & M. Devereux.Exchange Rate Dynamics in A Model of Pricing-to-Market ［J］. Journal of International Economics, 2000, 50（1）: 215-244.

［23］Bils, Mark & P. J. Klenow. Some Evidence on the Importance of Sticky Prices ［J］. Journal of Political Economy, 2004, 112, 947 - 985.

［24］Blinder A., Canetti E., Lebow D. & J. Rudd. Asking about Prices: A New Approach to Understanding Price Stickiness ［M］, Russell Sage Foundation, New York, 1998.

［25］Block L. & T. Kramer.The Effect of Superstitious Beliefs on Performance Expectations ［J］. Journal of the Academy of Marketing Science, 2009, （37）: 161-169.

［26］Blundell R., & S.Bond. Initial Conditions and Moment Restrictions in Dynamic Panel Data Models ［J］. Journal of Econometrics, 1998, 87(1): 115-143.

［27］Boivin, Jean, Marc Giannoni & Ilian Mihov.Sticky Prices and Monetary Policy: Evidence from Disaggregated US Data ［J］. American Economic Review, 2009, 99（1）: 350-84.

［28］Bouhdaoui, Yassine, David Bounie & Abel Francois. Convenient Prices, Cash Payments and Price Rigidity ［R］.2012, Working Papers Series.

［29］Burstein, A. T., J. C. Neves, & S. Rebelo.Distribution Costs and Real Exchange Rate Dynamics during Exchange-rate-based Stabilizations ［J］. Journal of Monetary Economics, 2003, （50）: 1189-1214.

［30］Burstein A., & G. Gopinath. International Prices and Exchange Rates ［R］.2013, NBER Working Papers No. w18829.

［31］Burstein A.T.Inflation and Output Dynamics with State-Dependent Pricing Decisions ［J］. Journal of Monetary Economics, 2006, 53, 1235 - 1257.

［32］Cai B. M., Charlie X. Cai & Kevin Keasey.Influence of Cultural Factors on Price Clustering and Price Resistance in China's Stock Markets ［J］. Accounting and Finance, 2007, 47（4）: 623-641.

［33］Calvo,Guillermo A.Staggered Prices in a Utility Maximizing Framework［J］. Journal of Monetary Economics, 1983, 12, 383 - 398.

［34］Campa J. M. & L. S. Goldberg.Exchange Rate Pass-Through into Import Prices ［J］. Review of Economics and Statistics, 2005, 87（4）: 679-690.

［35］Campbell, Jeffrey R. & B.Eden. Rigid Prices: Evidence from U.S. Scanner Data ［R］, 2010, FRB Chicago Working Paper No. 2005-08.

［36］Caplin A.& Spulber D.F.Menu Costs and the Neutrality of Money ［J］. Quarterly Journal of Economics, 1987, 102, 703 - 725.

［37］Carlton, Dennis W. The Rigidity of Prices ［J］. American Economic Review, 1986, 76（4）: 637 - 58.

［38］Carvalho C.Heterogeneity in Price Stickiness and the Real Effects of Monetary Shocks ［J］. Frontiers of Macroeconomics, 2006, 2（1）: 1-27.

［39］Cavallo A. Scraped Data and Sticky Prices ［R］. 2012, MIT Sloan Research Paper No. 4976-12.

［40］Cavallo A.Online and Official Price Indexes: Measuring Argentina's inflation ［J］. Journal of Monetary Economics, 2013, 60（2）:

152 - 165.

[41] Cavallo A. Scraped Data and Prices in Macroeconomics ［ D ］.2010，Ph.D Dissertation，Harvard University.

[42] Cecchetti S. G.The Frequency of Price Adjustment：A Study of Newsstand Prices of Magazines ［ J ］. Journal of Econometrics，1986，31，255 - 274.

[43] Chari V.V., Kehoe P. & E.McGrattan. Sticky-price Models of the Business Cycle: Can the Contract Multiplier Solve the Persistence Problem？［ J ］. Econometrica，2000，68，1151 - 1179.

[44] Choudhri Ehsan U. & Hakura, Dalia S.Exchange Rate Pass-Through to Domestic Prices: Does the Inflationary Environment Matter？［ J ］. Journal of International Money and Finance，2006，25（4）：614 - 639.

[45] Christiano L. J. & Eichenbaum M. & Evans C. L.The Effects of Monetary Policy Shocks：Evidence from the Flow of Funds ［ J ］. Review of Economics and Statistics，1996，78（1）：16-34.

[46] Corsetti G.& L. Dedola. Macroeconomics of International Price Discrimination ［ J ］. Journal of International Economics，2005，67（1）：129 - 156.

[47] Corsetti G., L. Dedola & Leduc S.High Exchange-rate Volatility and Low Pass-through ［ J ］. Journal of Monetary Economics，2008，55（6）：1113-1128.

[48] Devereux M. B. & Yetman J. Price Adjustment and Exchange Rate Pass-Through ［ J ］. Journal of International Money and Finance，2010，29，181 - 200.

[49] Devereux M. Monetary Policy，Exchange Rate Flexibility and Ex-Change Rate Pass-Through ［ R ］，2001，In：Revisiting the Case for Flexible Exchange Rates，Bank of Canada，47-82.

[50] Devereux M., Engel C. & C. Tille.Exchange Rate Pass–Through and the Welfare Effects of The Euro ［J］. International Economic Review, 2003, 44（1）: 223–242.

[51] Devereux Michael B. & Engel C.Monetary Policy in The Open Economy Revisited: Price Setting and Exchange–Rate Flexibility ［J］. Review of Economic Studies, 2003, 70（4）: 765–783.

[52] Dhyne E., L. Alvarez & Herve Le Bihan et al. Price Setting in the Euro Area: Some Stylized Facts from Individual Price Data ［R］, 2005, European Central Bank, Working Paper Series No. 524.

[53] Dixit A. K. & J. E. Stiglitz.Monopolistic Competition and Optimum Product Diversity ［J］. American Economic Review, 1977, 67 （3）: 297 – 308.

[54] Dornbusch R. Exchange Rates and Prices ［J］. American Economic Review, 1987, 77, 93 – 106.

[55] Dotsey Michael, Robert King & Alexander Wolman.State–Dependent Pricing and the General Equilibrium Dynamics of Money and Output ［J］. Quarterly Journal of Economics, 1999, 114（2）: 655–690.

[56] Dupor B., Kitamura T. & Tsuruga T. Integrating Sticky Prices and Sticky Information ［J］. Review of Economics and Statistics, 2010, 92（3）: 657–669.

[57] Edelman, Benjamin.Using Internet Data for Economic Research ［J］. Journal of Economic Perspectives, 2012, 26（2）: 189–206.

[58] Engel C.Accounting for U.S. real exchange rate changes ［J］. Journal of Political Economy, 1999, 107, 507 – 538.

[59] Engel C.Local Currency Pricing and the Choice of Exchange–Rate Regime ［J］. European Economic Review, 2000, 44, 1449–1472.

[60] Engel C. The Responsiveness of Consumer Prices to Exchange Rates: A Synthesis of Some New Open–Economy Macro Models ［J］. The

Manchester School, 2002, 70, 1 – 15.

[61] Engel C.Pass–Through, Exchange Rates, and Monetary Policy [J]. Journal of Money, Credit and Banking, 2009, 41（1）: 177–185.

[62] Engel C. Currency Misalignments and Optimal Monetary Policy: A Reexamination [J]. American Economic Review, 2011, 101（6）: 2796–2822.

[63] Gagnon E., Mandel B. & Vigfusson R. Missing Import Price Changes and Low Exchange Rate Pass–Through [J]. American Economic Journal: Macroeconomics, 2014, 6（2）: 156–206.

[64] Gagnon E. & Ihrig J. Monetary Policy and Exchange Rate Pass–Through [J]. International Journal of Finance and Economics, 2004, 9, 315 – 338.

[65] Gagnon E.Price Setting during Low and High Inflation: Evidence from Mexico [J]. Quarterly Journal of Economics, 2009, 124（3）: 1221–1263.

[66] Galbraith, John Kenneth.Monopoly Power and Price Rigidities [J]. Quarterly Journal of Economics, 1936, 50（3）: 456–475.

[67] Gaulier G., Lahrèche–Révil, A. & Méjean, I.Exchange Rate Pass–Through at the Product Level [J]. Canadian Journal of Economics, 2008, 41（2）: 425–449.

[68] Ghosh A. & Rajan R. Exchange Rate Pass–Through in Korea and Thailand: Trends and Determinants [J]. Japan and the World Economy, 2009, 21, 55–70.

[69] Goldberg L. & J. Campa. The Sensitivity of the CPI to Exchange Rates: Distribution Margins, Imported Inputs and Trade Exposure [J]. Review of Economics and Statistics, 2010, 92（2）: 392–407.

[70] Goldberg P. K. & Hellerstein, R.A Structural Approach to Identifying the Sources of Local Currency Price Stability [J]. Review of Economic Studies, 2013, 80（1）: 175–210.

［71］Golosov, Mikhail & Robert Lucas.Menu Costs and Phillips Curves ［J］. Journal of Political Economy, 2007, 115（2）: 171-199.

［72］Gopinath, Gita & Oleg Itskhoki.Frequency of Price Adjustment and Pass-Through ［J］. Quarterly Journal of Economics, 2010, 125（2）: 675-727.

［73］Gopinath, Gita & Roberto Rigobon.Sticky Borders ［J］. Quarterly Journal of Economics, 2008, 123（2）: 531-575.

［74］Gopinath, Gita, Oleg Itskhoki& Roberto Rigobon. Currency Choice and Exchange Rate Pass-Through ［J］. American Economic Review, 2010, 100（1）: 304-336.

［75］Guimaraes B. & K. D. Sheedy.Sales and Monetary Policy ［J］. American Economic Review, 2011, 101（2）: 844-76.

［76］Gust C., Leduc S. & N. Sheets.The Adjustment of Global External Imbalances: Does Partial Exchange Rate Pass-Through to Trade Prices Matter? ［J］. Journal of International Economics, 2009, 79（2）: 173-185.

［77］Gust C., Leduc, S. & Vigfusson R. Trade Integration, Competition, and the Decline in Exchange-Rate Pass-Through ［J］. Journal of Monetary Economics, 2010, 57（3）: 309-324.

［78］He Y. & C. Wu.Is Stock Price Rounded for Economic Reasons in The Chinese Markets? ［J］. Global Finance Journal, 2006, 17, 119-135.

［79］Heeler R.& A. Nguyen. Price Endings in Asia ［M］. B. Murphy and L. Engle （Eds.）, Proceedings of Australia - New Zealand Marketing Association, Massey University Press, 2001: 64-71.

［80］Henderson D. J., C. F. Parmeter & R. R. Russell.Modes, Weighted Modes, and Calibrated Modes: Evidence of Clustering Using Modality Tests ［J］. Journal of Applied Econometrics, 2008, 23（5）: 607-

638.

[81] Hicks, John R. Annual Survey of Economic Theory: the Theory of Monopoly [J] . Econometrica, 1935, 3, 1–20.

[82] Hsiao C. Analysis of Panel Data [M] . Cambridge University Press, 2003.

[83] Johnson R. C.Trade and Prices with Heterogeneous Firms [J] . Journal of International Economics, 2012, 86 (1): 43–56.

[84] Kackmeister, Alan.Yesterday's Bad Times Are Today's Good Old Times: Retail Price Changes Are More Frequent Today Than in the 1890s [J] . Journal of Money, Credit and Banking, 2007, 39 (8): 1987 - 2020.

[85] Kashyap, Anil K. Sticky Prices: New Evidence from Retail Catalogues [J]. Quarterly Journal of Economics, 1995, 110, 245 - 274.

[86] Kehoe, Patrick & Virgiliu Midrigan. Sales and the Real Effects of Monetary Policy [R] .Federal Reserve Bank of Minneaplis Working Paper, No. 413.2007.

[87] Khundrakpam K.J. Economic Reforms and Exchange Rate Pass–Through to Domestic Prices in India [R] . BIS Working Papers, No.225, 2007.

[88] Kim M., Nam D. & Wang J. et al. International Trade Price Stickiness and Exchange Rate Pass–through in Micro Data: A Case Study on US–China Trade [R] . Bureau of Labor Statistics Working Paper No. 467, 2013.

[89] Klenow P. J. & B. A. Malin. Microeconomic Evidence on Price–Setting [R] . Handbook of Monetary Economics, 2010, 3, 231–284.

[90] Klenow, Peter J. & J. L. Willis.Sticky Information and Sticky Prices [J] . Journal of Monetary Economics, 2007, 54, 79 - 99.

[91] Klenow, Peter J. & Oleksiy Kryvtsov.State–Dependent or Time–Dependent Pricing: Does it Matter for Recent US Inflation ? [J] . Quarterly Journal of Economics, 2008, 73 (3): 863 - 903.

［92］Knotek E.Convenient Prices, Currency and Nominal Rigidity: Theory with Evidence from Newspaper Prices ［J］. Journal of Monetary Economics, 2008, 55, 1303–1316.

［93］Knotek E.The Roles of Menu Costs and Nine Endings in Price Rigidity［R］. Working Paper No. 10–18, Federal Reserve Bank of Kansas City, 2010.

［94］Knotek E.Convenient Prices and Price Rigidity: Cross–Section Evidence ［J］. Review of Economics and Statistics, 2011, 93, 1076–1086.

［95］Krugman P.Pricing to Market When the Exchange Rate Changes ［R］. NBER Working Paper No. 1926, 1986.

［96］Lach, Saul & Daniel Tsiddon.Staggering and Synzhronization in Price–Setting: Evidence from Multiproduct Firms ［J］. American Economic Review, 1996, 86（5）: 1175–1196.

［97］Lee D., R. J. Kauffman & M. E. Bergen.Image Effects and Rational Inattention in Internet–Based Selling ［J］. International Journal of Electronic Commerce, 2009, 13, 129–167.

［98］Levy D. & A. Young, the Real Thing: Nominal Price Rigidity of the Nickel Coke, 1886–1959 ［J］. Journal of Money, Credit and Banking, 2004, 36, 765–799.

［99］Levy D., Chen H. A .& Müller G. et al. Holiday Price Rigidity and Cost Of Price Adjustment ［J］. Economica, 2010, 77, 172–198.

［100］Levy D., Lee D. & Chen H., et al.Price Points and Price Rigidity ［J］. Review of Economics and Statistics, 2011, 93（4）: 1417–1431.

［101］Lip E. Chinese Numbers: Significance, Symbolism, and Traditions［R］, Times Books International, Singapore, 1992.

［102］Lott, Zachariah, & Liran Einav. Exchange Rate Pass–Through on EBay ［R］. Discussion paper, Department of Economics Stanford University, 2013.

［103］Lucas R. E. J. Some International Evidence on Output–Inflation Trade–

Offs〔J〕. American Economic Review, 1973, 63, 326–34.

〔104〕Mankiw N. G. & R. Reis.Sticky Information versus Sticky Prices: A Proposal to Replace the New Keynesian Phillips Curve〔J〕. Quarterly Journal of Economics, 2002, 117（4）: 1295–1328.

〔105〕Mankiw N. G.Small Menu Costs and Large Business Cycles: A Macroeconomic Model of Monopoly〔J〕. Quarterly Journal of Economics, 1985, 100（2）: 529–538.

〔106〕McCarthy J.Pass–Through of Exchange Rates and Import Prices to Domestic Inflation in Some Industrialized Economies〔J〕. Eastern Economic Journal, 2007, 33（4）: 511–537.

〔107〕Means, Gardiner C.Notes on Inflexible Prices〔J〕. American Economic Review, 1936, 26（1）: 23–35.

〔108〕Menon J. Exchange Rate Pass–Through〔J〕. Journal of Economic Surveys, 1995, 9（2）: 197–231.

〔109〕Midrigan V. Menu Costs, Multi–Product Firms and Aggregate Fluctuations〔J〕.Econometrica, 2011, 79（4）: 1139–1180.

〔110〕Midrigan V. International Price Dispersion in State–Dependent Pricing Models〔J〕. Journal of Monetary Economics, 2007, 54（8）: 2231 – 2250.

〔111〕Mumtaz H., Oomen & Wang J. Exchange Rate Pass–Through into UK Import Prices〔R〕. Bank of England, Working Paper No. 312, 2006.

〔112〕Nakamura E. & J. Steinsson. Price Rigidity: Microeconomic Evidence and Macroeconomic Implications〔J〕. Annual Review of Economics, 2013, 5（1）: 133–163.

〔113〕Nakamura E. & D. Zerom. Accounting for Incomplete Pass–through〔J〕. Review of Economic Studies, 2010, 77, 1192–1230.

〔114〕Nakamura E. & J. Steinsson.Five Facts about Prices: A Reevaluation of Menu Cost Models〔J〕. Quarterly Journal of Economics, 2008, 123（4）:

1415–1464.

[115] Nakamura E. & J. Steinsson. Lost in Transit: Product Replacement Bias and Pricing to Market [J]. American Economic Review, 2012, 102(7): 3277–3316.

[116] Nguyen A., Heeler R.M. & Taran Z.High–low Context Cultures and Price–Ending Practices [J] . Journal of Product & Brand Management, 2007, 16, 206–214.

[117] Nickell S. Biases in Dynamic Models with Fixed Effects [J] . Econometrica: Journal of the Econometric Society, 1981, 49, 1417– 1426.

[118] Ozmen, Utku & Orhun Sevinc. Price Rigidity in Turkey: Evidence from Micro Data [R] .Working Papers No.1125, Central Bank of the Republic of Turkey, 2011.

[119] Parsley D. C. & S. J. Wei. Explaining the Border Effect: The Role of Exchange Rate Variability, Shipping Costs and Geography [J] . Journal of International Economics, 2001, 55, 87–105.

[120] Phillips D.P., Liu G.C. & Kwok K., et al.The Hound of the Baskervilles Effect: Natural Experiment on the Influence of Psychological Stress on Timing of Death [J] . British Medical Journal, 2001, 323, 1443– 1446.

[121] Quah, Danny. Twin Peaks: Growth and Convergence in Models of Distribution Dynamics [J] . The Economic Journal, 1996, 106, 1045–1055.

[122] Quah, Danny. Empirics for Growth and Distribution: Stratification, Polarization, and Convergence Clubs [J] . Journal of Economic Growth, 1997, 2, 27–59.

[123] Romer R. The New Keynesian synthesis [J] . Journal of Economic Perspectives, 1993, 7, 5 - 22.

［124］Rotemberg J. J. Customer Anger at Price Increases，Changes in the Frequency of Price Adjustment and Monetary Policy ［J］. Journal of Monetary Economics，2005，52，829－852.

［125］Rotemberg J. J.Fair Pricing ［J］. Journal of the European Economic Association，2011，9（5）：952－981.

［126］Schindler R.M.Patterns of Price Endings Used in U.S. and Japanese Price Advertising ［J］. International Marketing Review，2009，26，17–29.

［127］Schmitt B. & Pan Y. Managing Corporate and Brand Identities in the Asia–Pacific Region ［J］. California Management Review，1994，36，32–48.

［128］Sheshinski E.& Weiss Y.Inflation and Costs of Adjustment ［J］. Review of Economic Studies，1977，44，287－303.

［129］Sheshinski E.& Weiss Y. Optimum Pricing Policy under Stochastic Inflation ［J］. Review of Economic Studies，1983，50（3）：513－529.

［130］Simmons L.C. & Schindler R.M. Cultural Superstitions and the Price Endings Used in Chinese Advertising ［J］. Journal of International Marketing，2003，11，101–111.

［131］Sims C. A. Implications of Rational Inattention ［J］. Journal of Monetary Economics，2003，50，665–690.

［132］Snir A.，Levy D.，Gotler A . & Chen H. A. Not All Price Endings Are Created Equal：Price Points and Asymmetric Price Rigidity ［R］. Emory Law and Economics Research Paper，2012.

［133］Taylor J. B. Low Inflation，Pass–through，and the Pricing Power of Firms ［J］.European Economic Review，2000，44，1389－140.

［134］Taylor J. B.Aggregate Dynamics and Staggered Contracts ［J］. Journal of Political Economy，1980，88（1）：1–23.

［135］Webber A. G.Dynamic and Long Run Responses of Import Prices to the

Exchange Rate in the Asia-Pacific ［J］. Asian Economic Journal, 1999, 13（3）: 303-320.

［136］Woodford, Michael. Information-Constrained State-Dependent Pricing［J］. Journal of Monetary Economics, 2009, 56, 100-124.

［137］Yang Z. Lucky Numbers, Unlucky Consumers ［J］. Journal of Socio-Economics, 2011, 40, 692-699.

［138］毕玉江, 朱钟棣. 人民币汇率变动的价格传递效应［J］. 财经研究, 2006,（7）: 53-62.

［139］卜永祥. 人民币汇率变动对国内物价水平的影响［J］. 金融研究, 2001,（3）: 78-88.

［140］蔡晓陈. 中国价格粘性的实证研究［J］. 中国经济问题, 2012,（11）: 33-39.

［141］陈斌开, 万晓莉, 傅雄广. 人民币汇率、出口品价格与中国出口竞争力——基于产业层面数据的研究［J］. 金融研究, 2010,（12）: 30-42.

［142］陈六傅, 刘厚俊. 人民币汇率的价格传递效应——基于 VAR 模型的实证分析［J］. 金融研究, 2007,（4）: 1-13.

［143］陈学彬, 李世刚, 芦东. 中国出口汇率传递率和盯市能力的实证研究［J］. 经济研究, 2007,（12）: 106-117.

［144］封北麟. 汇率传递效应与宏观冲击对通货膨胀的影响分析［J］. 世界经济研究, 2006,（12）: 45-51.

［145］何新华. 准确理解 CPI 之争中的几个关键概念［R］. 中国社会科学院世界经济与政治研究所工作论文, 2010.

［146］贺力平, 樊纲, 胡嘉妮. 消费物价指数与生产者价格指数: 谁带动谁?［J］. 经济研究, 2008,（11）: 16-26.

［147］侯成琪, 龚六堂, 张维迎. 核心通货膨胀: 理论模型与经验分析［J］. 经济研究, 2011,（2）: 4-18.

［148］胡冬梅, 潘世明. 我国进口汇率传递的商品异质性——基于中美

贸易高度分解数据的测算［J］.南方经济，2013，（2）：24-40.

［149］黄满盈，高志存.人民币汇率水平变动和波动对中美出口价格的传递效应研究［J］.统计研究，2012，（2）：10-20.

［150］姜子叶，范从来.人民币汇率对进口价格的传递效应——基于2005年汇改以来的实证研究［J］.经济科学，2013，（2）：56-69.

［151］金雪军，黄滕，祝宇.中国商品市场名义价格粘性的测度［J］.经济研究，2013，（9）：85-98.

［152］李春吉，范从来，孟晓宏.中国货币经济波动分析：基于垄断竞争动态一般均衡模型的估计［J］.世界经济，2010，（7）：96-120.

［153］李雪松，王秀丽.工资粘性、经济波动与货币政策模拟——基于DSGE模型的分析［J］.数量经济技术经济研究，2011，（11）：22-34.

［154］刘斌.我国货币供应量与产出、物价间相互关系的实证研究［J］.金融研究，2002，（7）：10-17.

［155］渠慎宁，吴利学，夏杰长.中国居民消费价格波动：价格粘性、定价模式及其政策含义［J］.经济研究，2012，（11）：88-102.

［156］饶品贵，赵龙凯，岳衡.吉利数字与股票价格［J］.管理世界，2008，（11）：44-49.

［157］施建淮，傅雄广，许伟.人民币汇率变动对我国价格水平的传递［J］.经济研究，2008，（7）：52-64.

［158］孙道银，李桂娟.网络购物人群的支付方式偏好调查［J］.销售与市场，2010，（3）：31-34.

［159］陶芸.数字禁忌的文化内涵［J］.江西社会科学.2013，（7）：249-252.

［160］万晓莉，陈斌开，傅雄广.人民币进口汇率传递效应及国外出口商定价能力——产业视角下的实证研究［J］.国际金融研究，2011，

（4）：18-29.

［161］王晋斌，李南．中国汇率传递效应的实证分析［J］．经济研究，2009，（4）：17-28.

［162］王君斌，王文甫．非完全竞争市场、技术冲击和中国劳动就业——动态新凯恩斯主义视角［J］．管理世界，2010，（1）：23-35.

［163］王文甫．价格粘性、流动性约束与中国财政政策的宏观效应——动态新凯恩斯主义视角［J］．管理世界，2010，（9）：11-25.

［164］项后军，许磊．汇改后的人民币汇率传递、出口商品价格与依市定价（PTM）行为研究［J］．金融研究，2013，（8）：16-29.

［165］徐建炜，纪洋，陈斌开．中国劳动力市场名义工资粘性程度的估算［J］．经济研究，2012，（4）：64-76.

［166］许伟，傅雄广．人民币名义有效汇率对进口价格的传递效应研究［J］．金融研究，2009，（9）：77-90.

［167］薛鹤翔．中国的产出持续性——基于刚性价格和刚性工资模型的动态分析［J］．经济学（季刊），2010，9，（4）：1359-1384.

［168］闫力，刘克宫，张次兰．货币政策有效性问题研究——基于1998—2009年月度数据的分析［J］．金融研究，2009，（12）：59-71.

［169］张成思．中国CPI通货膨胀率子成分动态传导机制研究［J］．世界经济，2009，（11），3-12.

［170］赵静梅，吴风云．数字崇拜下的金融资产价格异象［J］．经济研究，2009，（6）：129-141.

［171］周杰琦．人民币汇率变动对国内价格水平的传递效应［J］．统计研究，2010，（8）：33-40.